O Direito sob o Olhar Delas

O Direito sob o Olhar Delas

Organizadoras:

Patricia Souza Anastácio

Débora Ribeiro de Souza

LACIER

LACIER

Lacier Livraria e Editora
www.livrarialacier.com.br

Rua Doutor Quirino, 808 – Centro
CEP 13015-081 – Campinas, SP – Brasil

Julho, 2024

Diretor: *Lacier José de Rezende*
Projeto de capa: *Fabio Giglio*
Projeto gráfico e editoração eletrônica: *Peter Fritz Strotbek — The Best Page*
Esta é uma obra coletiva.
A responsabilidade pelo conteúdo de cada texto
é exclusiva do seu autor.

Ficha Catalográfica

Dados Internacionais de Catalogação na Publicação (CIP)
(Câmara Brasileira do Livro, SP, Brasil)

D598 O direito sob o olhar delas / organizadoras Patricia Souza Anastácio, Débora Ribeiro de Souza. — Campinas, SP : Lacier Editora, 2024.
164 p. ; 16 x 23 cm.

ISBN 978-85-64412-14-9

1. Direito — Brasil. 2. Direito — Aspectos sociais. 3. Direito — Estudo e ensino. I. Anastácio, Patrícia Souza. II. Souza, Débora Ribeiro de.

CDU 34:331(81)

Índices para catálogo sistemático:

1. Direito — Asspectos sociais

Angela Schmidt da Rosa – Bibliotecária – CRB-14/1171

Sumário

Rol das Autoras

Camila de Lima Vicente — Advogada. Especialista em Processo e Direito do Trabalho. MBA em Gestão e Projetos. Sócia do escritório Matos e Vicente Advogados. Fundadora do Instituto Maisha — Pães Mulheres Protagonistas.

Débora Ribeiro de Souza — Advogada criminalista. Pós-Graduada em Direito Penal Econômico e Europeu pelo IBCCRIM e Universidade de Coimbra. Representante estadual da Associação Nacional da Advocacia Negra — ANAN (2021-2023). Fundadora do Instituto D.C.A.

Jéssica Maria Mariano Cardoso — Advogada e Contadora com especializações em Direito Tributário Empresarial pela FAAP e Normas Internacionais de Contabilidade pela FIPECAPI. Com mais de 13 anos de experiência na área tributária em companhia de capital aberto. Atua como *controller* no segmento audiovisual. Foi membra da Comissão Especial de Contencioso Administrativo Tributário da OAB/SP. É membra da rede de advogadas *BlackSisters in Law.*

Mabel de Souza — Advogada, Escritora, Roteirista e Pesquisadora da escravidão. Autora do livro *Será que eu sou — Gole a gole, vício e consciência*. Autora do documentário: "Todo dia tem o seu racismo". Membro da Comissão da Igualdade Racial e Verdade Sobre a Escravidão, do SASP.

Patricia Souza Anastacio — Advogada, Consultora, Palestrante e Especialista em Direito do Trabalho e Processo do Trabalho pela USP. Especialista em Direito Processual Civil pela ESA. Pós-Graduanda em Direitos Humanos pela PUC-Minas. MBA em Advocacia Corporativa e Governança EAD. Conselheira da AASP — Associação dos Advogados de São Paulo. Membra efetiva da Comissão Especial da Advocacia Trabalhista da OAB. Membra suplente da Comissão de Advogado Assalariado da OAB. Advogada Membra da ANAN — Associação Nacional dos Advogados Negros.

Regina Célia da Silva — Contadora. Advogada especialista em Direito Previdenciário, Promotora Legal Popular (PLP) em luta pelo direito das mulheres vítimas de violência doméstica, sócia da empresa Cia. Caruru — Cia. de Arte Educação Negra, disseminadora de afeto e memória. Mestranda no Programa de Pós-Graduação em Humanidades, Direitos e Outras Legitimidades (PPGHDL). Integrante do grupo de pesquisa Temáticas, Narrativas e Representações Árabes, Africanas, Asiáticas e Sul-Americanas e de Comunidades Diásporicas (registrado no CNPq desde 2009).

Sandra Regina Espírito Santo Monção — Advogada Trabalhista, Empresarial e Previdenciária. Com *expertise* em diversas áreas globais e atuais em gestão de pessoas, processos, liderança humanizada e *performance*. Palestrante e Escritora. Coordenadora da Comissão de Igualdade Racial do Sindicato dos Advogados de São Paulo — SASP. Presidente da Comissão de Direito Sindical da OAB Santo Amaro. Membro de diversos coletivos de Promoção de Igualdade Racial e empoderamento feminino negro.

Shirley Candido Claudino — Advogada. Palestrante. Ativista social. Consultora. Assessora da Comissão de Direito Sindical da OAB — Santo Amaro. Membro da Comissão de Igualdade Racial e da Mulher. Advogada da OAB — Santo Amaro. Membro da Comissão de Igualdade Racial e Verdade Sobre a Escravidão, do Sindicato do SASP. Formada pela Faculdade Metropolitana Unida (FMU). Pós-Graduada em Direito Tributário pelo Mackenzie.

Verônica da Silva Alves — Advogada. fundadora do Escritório Verônica Alves Advocacia. Pós-Graduada na ESA em Direito Previdenciário e Trabalhista. *Practitioner* em PNL. Diretora na OAB Itaquera gestão 2022/2024. Coordenadora da Comissão da Igualdade Racial. Coordenadora da Comissão da Mulher Advogada.

Viviane Nogueira de Moraes Danieleski — Advogada Tributarista. Graduada em Direito pela PUC/SP em 2000. Especialista em Direito Tributário pela PUC/SP. Especialista em Contratos pelo CEU/SP. MBA em Gestão Estratégica pela UNIB. Mestra em *Design* pela UAM. Professora universitária. Mentora e fundadora da Cidadania1000.

Viviane Scrivani — Pós-Graduada em Direito e Processo do Trabalho na EPD e Pós-Graduanda em MBA ESG pela Fundação Getúlio Vargas. Diretora secretária-geral adjunta da OAB Subseção Santo Amaro (Gestão 2022-2024). Membro da Associação Nacional da Advocacia Negra — ANAN. Membro do Núcleo de Direito Antidiscriminatório — Comissão da Jovem Advocacia da OAB/SP.

Prefácio

Eu li e meditei com muita atenção esta inédita e valiosa obra que nos presenteiam com estudos e pesquisas jurídicas, realizados por essas mulheres, advogadas e negras. É o resultado da diversidade, em pleno reconhecimento da multiplicidade de pessoas na advocacia.

Posicionamento, sem dúvida, político e construtivo próprio de mulheres compromissadas com a advocacia, neste momento tão necessário para a defesa da cidadania brasileira quanto as instituições oficiais. O que temos aqui são pesquisas jurídicas, legais, jurisprudenciais, com apoio na interseccionalidade, propiciadas por intelectuais negras, 11 mulheres advogadas, encantadoras!

O Direito sob o Olhar Delas, advogadas negras, expressam suas experiências pessoais, profissionais e, principalmente, estudos desafiadores, enfrentando ideários marxistas, feminismos liberais e feminismos negros, além das conquistas com aplicação de políticas afirmativas fundadas na equidade, hoje integrantes da Constituição Federal. Essas mulheres negras, advogadas, demonstram inclusive que a jurisprudência advém da advocacia, a advocacia de revolução, que de forma transformadora provoca o nosso Judiciário.

Nestes tempos atuais, temos as verdadeiras revoluções sociais, mas foram os advogados que, na atuação da advocacia, denunciaram racismos e sexismos.

Ainda emocionada, louvo o regime democrático, conquistado pelo movimento negro irmanado com outros movimentos sociais, inclusive com a luta da advocacia, como aqui expressados. Observa-se que as advogadas negras fundamentam suas pesquisas e estudos em dados e informes técnicos científicos, expressando a importância da política de dados abertos e transparentes do Estado Democrático de Direito, hoje vigente na República Federativa do Brasil.

Atentemos também para a sororidade entre as mulheres negras. Diálogos muito profundos tiveram início em etnias africanas, gritaram socorro nos navios negreiros lutando pela própria vidas, informes históricos da importância da presença e influência da mulher negra no Brasil. Reuniam-se as mulheres negras no navio negreiro, no passado escravizador, lutando pela própria vida. Mas, como já nos ensinou a pensadora Angela Davis, quando as mulheres negras se movimentam, toda a sociedade se movimenta com elas.

Melhor dizendo, conforme Angela Davis, quando a mulher negra se movimenta, toda a estrutura da sociedade se movimenta com ela. Essas mulheres já se movimentaram cozinhando, produzindo as iguarias brasileiras, iniciando o empreendedorismo no Brasil na posição de escravizadas de ganho, aquelas que trabalhavam nos dias santos para guardar dinheiro para sua alforria após dividir o ganho com o seu escravizador.

Mulheres negras, nós imaginamos os seus diálogos como empreendedoras nesse empreendedorismo nascente no Brasil, mas essas mulheres também produziam o acarajé, só isso não. As mulheres também dialogavam enquanto teciam, as rendeiras, as costureiras e, como se dizia e foram quase durante 400 anos, o escravizado era, sem dúvida alguma, o braço e o pensamento dos seus.

Essas mulheres negras também dialogavam quando cantavam no eito das plantações para afogar um pouco o cansaço e as mágoas, mas cantavam juntas. Essas mulheres negras prosseguiam dialogando nas fábricas, inclusive combinando, e eu sou testemunha ocular, porque presenciei minha mãe, tecelã, com suas amigas na Justiça do Trabalho. Seus direitos perante o Judiciário trabalhista, por exemplo. Então as mulheres prosseguem, não é?

Dialogando sempre, buscando sempre a solução de questões complexas, sociais. A presença da mulher negra esteve, como podemos conferir neste livro, em seus diversos artigos, em todos os momentos, em todas as questões que envolveram a nossa história.

Destaca-se também, nestas autoras, o uso das interseccionalidades para expressar realidades vivenciadas pelas mulheres em questão de gênero, mas também em questões étnicas estão presentes com racismo institucional, questões bem enfrentadas pelas autoras. Ainda precisamos, ou devemos.

Vamos louvar a nossa AASP ouvindo as mulheres, e mais do que isso, chamando-as, propiciando o espaço para o estudo e a pesquisa no âmbito jurídico. É inovador, posto que as advogadas estão sendo ouvidas, e respeitando a diversidade das mulheres, as advogadas negras.

Profa. Dra. Eunice Aparecida de Jesus Prudente
Advogada, Feminista e Abolicionista pela Negritude.
Professora Sênior no Departamento de Direito do Estado.
Faculdade de Direito da Universidade de São Paulo

Apresentação

O *Direito sob o Olhar Delas* nasceu da experiência e da necessidade de apresentar para a sociedade jurídica que nós, advogadas negras, somos especialistas nas questões raciais, mas também em todo e qualquer ramo do Direito.

Quando nos formamos (final da década de 1990/início dos anos 2000), o número de advogadas negras na mídia e nos grandes escritórios ainda era irrisório, na nossa época não havia cotas (em concursos públicos, universidades) e a nossa aprovação e inserção no meio jurídico era quase que uma raridade.

Nos últimos 15 anos, a inserção de mulheres negras nas academias de Direito ganhou outra projeção, e hoje não podemos negar o avanço, mas ainda a falta de credibilidade, de oportunidade e de acesso aos melhores espaços no mundo jurídico.

A ideia do livro surgiu há algum tempo e hoje esse sonho se torna possível, graças a todas as articulistas que acreditaram que a edição dessa coletânea era possível.

Agradecemos nossa querida Dra. e Professora Eunice Prudente pela sua disposição e generosidade em aceitar o convite para redigir o prefácio do nosso trabalho.

Sua trajetória exemplar e o profundo conhecimento que possui na área serve de inspiração e é uma contribuição valiosa e honra todo o esforço investido nesse projeto.

Agradecemos também aos nossos familiares, ao querido Lacier, pela publicação, e a todos que terão a oportunidade de saborear os artigos contidos nesta obra.

Boa leitura!

Patricia Souza Anastácio
Idealizadora do projeto e Organizadora

Débora Ribeiro de Souza
Organizadora

Mãe solo e a luta pelo direito dos seus filhos: Desafios e perspectivas

Camila de Lima Vicente

1. Famílias — Um breve resumo histórico

É possível constatar que há várias denominações para o conceito de família, podendo ser utilizado até nos campos da Biologia e da Química. No entanto, quando nos deparamos com o termo família, somos rapidamente remetidos a uma ideia presente no imaginário brasileiro, que desde muito cedo foi cunhada em nossa mente, como um modelo ideal ou padrão a ser seguido, o que ainda denominamos como família tradicional, ou seja, aquela composta por pai, mãe e filhos, modelo a ser seguido e adotado como o legítimo.

Família, substantivo feminino que é definido no Dicionário Online de Português[(1)] como:

> Grupo de pessoas que partilha ou que já partilhou a mesma casa, normalmente estas pessoas possuem relações entre si de parentesco, de ancestralidade ou de afetividade.
>
> Pessoas cujas relações foram estabelecidas pelo casamento, por filiação ou pelo processo de adoção.
>
> Grupo de pessoas que compartilham os mesmos antepassados; estirpe, linhagem, geração.
>
> [Figurado] Grupo de indivíduos ligados por hábitos, costumes, comportamentos ou interesses oriundos de um mesmo local.

(1) Disponível em: www.dicio.com.br.

Grupo de indivíduos com qualidades ou particularidades semelhantes: a galera do time é a minha família.

[Biologia] Uma das categorizações científicas dos organismos vegetais, animais ou minerais, composta por inúmeros gêneros que compartilham características semelhantes: a violeta é da família das violáceas.

[Gráficas] Reunião de tipos em que o desenho demonstra qualidades básicas iguais.

[Química] Localização dos elementos que compõem as colunas, sendo reunidos pela semelhança de suas propriedades; grupo.

No entanto, ao longo da história, a família passou por muitas transformações. A partir do pressuposto de que todos possuem uma família e de que ela é a instituição mais antiga da organização humana, já foi valorizada por muitos e temida por outros. Destarte, a família resistiu a grandes transformações, mas não é a mesma que existiu na Antiguidade, período no qual criados e aparentados também eram considerados membros da família ou na Idade Média, quando a família era composta por um grupo bem menor, constituído apenas pelo casal e seus filhos. A ideia de família nuclear, constituída por pai, mãe e filhos, surgiu ao mesmo tempo que a burguesia, no século XVIII, e foi idealizada tendo como característica o amor matrimonial. Considerava a importância da união para benefício do conforto dos filhos, um maior reconhecimento da maternidade e as diferenças bem distintas entre homens e mulheres (CÚNICO e ARPINI, 2014).[(2)]

Apenas nesse momento a família aparece recolhida em um espaço privado, antes disso as pessoas estavam inseridas no espaço público. Pessoas de uma mesma família transitavam entre si, do mesmo jeito que com outros indivíduos da sociedade, e não havia separação das trocas de carinho afetivo entre as pessoas da família e os demais da comunidade. Além disso, as relações conjugais ocorriam em ambientes abertos, sem a percepção de privacidade que é corrente em nossos dias, e foi somente quando as pessoas de uma mesma família de laços biológicos adentraram em um ambiente delimitado e fechado denominado casa é que começou a existir uma maior privacidade, diferenciando-se do ambiente público (PASSOS, 2009).[(3)]

---

(2) CÚNICO, Sabrina Daiana; ARPIN, Dorian Mônica. "Família e monoparentalidade feminina sob a ótica de mulheres chefes de família". *Aletheia*, n. 43-44, pp. 37-49, jan./ago, 2014.

(3) PASSOS, Maria Consuelo. "Nem tudo que muda, muda tudo: um estudo sobre as funções da família". In: CARNEIRO, F. T. (Org.). *Família e casal:* efeito da contemporaneidade. Rio de Janeiro. PUC- RIO, 2009.

Desse modo, a família conhecida hoje como tradicional surgiu no momento em que as pessoas restringiram sua vida ao espaço privado e à convivência apenas do casal e seus filhos. Ao longo da história, um modelo muito presente no formato da família é a estrutura patriarcal. Essa era centrada na figura paterna que detinha todo o poder de decisão, sendo ela provedora do sustento do lar e que decidiria o direcionamento dos seus membros. O papel da mulher era fundamental, porém colocado em segundo plano. Ela era a procriadora, o indivíduo frágil da família, oclusa dentro do lar, que não deveria ter autoestima e nem ser crítica (GUIMARÃES, 2010, p. 37).(4) Ao sair para o mundo do trabalho, rompeu-se com a tradição do homem provedor e dominador, o que fez com que alguns homens reagissem mal à ascensão profissional feminina, pois a mulher se tornou uma pessoa que começou a falar sobre suas vontades, colocar suas ideias e romper com os padrões impostos pela sociedade moldada nos padrões machistas do patriarcado.

De acordo com Giddens (2010, p. 63),(5) "a "família tradicional" era uma unidade econômica na qual os nobres e aristocráticos tinham no casamento a transferência de propriedades. E segundo Marchi-Costa e Macedo (2020, p. 99),(6) "o conceito de parentalidade vem sendo cada vez mais utilizado na contemporaneidade, sobretudo nos estudos de família, para se referir ao campo dos cuidados parentais e às interações entre pais e filhos". A parentalidade é carregada de várias influências, como a cultura, a história e também as histórias vivenciadas pelos indivíduos que constituem o casal, desde a infância de ambos; portanto a parentalidade é exercida pelos seus membros com marcas da cultura em que a família se encontra inserida e das experiências positivas ou negativas vividas pelos adultos presentes nessa instituição, ou seja, cada família é única, pois nela são refletidas as vivências que os adultos ali inseridos trazem para ela (MARCHI-COSTA e MACEDO, 2020).

O modelo tradicional de família afetou a vida de homens e mulheres. A mulher foi considerada frágil e vulnerável, sem capacidade intelectual, e responsável pelos cuidados dos filhos, do lar e da vida familiar. Já o homem era considerado forte, incumbido pela renda do lar e pelo controle dos princípios da família (CÚNICO e ARPENI, 2014).

---

(4) GUIMARÃES, Maria da G. V. *Vida familiar e profissional:* desafios e perspectivas. Manaus: EDUA, 2010.

(5) GIDDENS, Anthonny. *Mundo em descontrole.* 7. ed. Rio de Janeiro: Record, 2010. Tradução de Maria Luiza X. de A. Borges.

(6) MARCHI-COSTA, Maria Ivone; MACEDO Rosa Maria Stefanini. *Homo Parentalidade e Gênero Vivencia cotidiana e relações familiares.* Curitiba: Editora CRV, 2020.

Devido à longa história da família e suas concepções, vários tipos e formatos surgiram nas mais diversas culturas e sociedades. Segundo o Instituto Brasileiro de Geografia e Estatística — IBGE, edição 2017/2018, o conceito de família refere-se àquelas pessoas ligadas por laços de parentesco, normas de convivência ou dependência doméstica. A família nuclear atual divide espaço com diversas formas de família, como famílias monoparentais, homoafetivas e recompostas (CÚNICO e ARPINI, 2014).

As famílias também são estruturadas de "forma tradicional" ou de forma flexível. Abrahão destaca a presença corrente de aspectos do patriarcado na organização histórica das famílias brasileiras: A família moderna, então, se manteve patriarcal, monogâmica e matrimonial, uma vez que só era reconhecida como família e, portanto, só tinha a proteção e regulamentação do Estado, a advinda do casamento. Marginalizados se mantinham todos os agrupamentos de pessoas que, apesar de ligados por vínculos afetivos e objetivarem uma vida em comum, fugissem a essa regra (ABRAHÃO, 2003, p. 16).[7]

Entretanto, a Constituição Federal de 1988 respalda os novos modelos de família em seu art. 226:

> Art. 226. A família, base da sociedade, tem especial proteção do Estado.
>
> § 1º O casamento é civil e gratuita a celebração.
>
> § 2º O casamento religioso tem efeito civil, nos termos da lei.
>
> § 3º Para efeito da proteção do Estado, é reconhecida a união estável entre o homem e a mulher como entidade familiar, devendo a lei facilitar sua conversão em casamento. (Regulamento)
>
> § 4º Entende-se, também, como entidade familiar a comunidade formada por qualquer dos pais e seus descendentes.
>
> § 5º Os direitos e deveres referentes à sociedade conjugal são exercidos igualmente pelo homem e pela mulher.

Observa-se que na lei existe o reconhecimento dos diversos tipos de família e que se fundamentam no respeito das escolhas de cada indivíduo. Muitos não seguem mais o modelo instituído como tradicional, pois optaram pela realização de seus desejos e vontades ao invés de se submeterem às ideologias impostas pela

(7) ABRAHÃO, Ingrith. *A família monoparental formada por mães sozinhas por opção através da utilização de técnicas de inseminação artificial no ordenamento jurídico brasileiro.* Monografia apresentada ao Curso de Graduação da Faculdade Mineira de Direito da Pontifícia Universidade Católica de Minas Gerais. Belo Horizonte, 2003.

sociedade, que são representadas por meio de um padrão tradicional. Várias modificações estão ocorrendo na organização familiar no que se diz respeito à sua composição e funcionamento, e existe uma busca para a legitimidade por parte de todos que compõem esses novos modelos de família. Na atualidade, além das famílias nucleares, há também várias outras composições familiares, como as recompostas, as homoparentais, as monoparentais por opção, ou não (ARRAIS, GOMES e CAMPOS, 2019).[8]

Ainda, na busca por legitimidade por parte daqueles que compõem os modelos emergentes, há reivindicação por mudanças na distribuição das responsabilidades no lar, o que estimulou, inclusive, mudanças na legislação. O Código Civil de 2002, em seu art. 1.567, reza que: "A direção da sociedade conjugal será exercida, em colaboração, pelo marido e pela mulher, sempre no interesse do casal e dos filhos". Aqui, ambas as pessoas adultas envolvidas em uma família têm os mesmos deveres e direitos de opinar e decidir, optando pelo que for melhor para todos os membros da instituição. Entretanto, é expressivo o crescimento de famílias compostas pelas crianças e a mãe e sob a responsabilidade desta (MARIN e PICCININI, 2009),[9] situação que acaba se refletindo também na legislação, como visto na Constituição Federal de 1988, em seu art. 226, inciso IV, que define família como aquela constituída por um dos pais e seus filhos, sendo muito presente agora a representatividade das famílias monoparentais.

As mudanças na configuração familiar que vêm ocorrendo nas sociedades ocidentais, especialmente aquelas que deixam a família a cargo de um só progenitor, constituem um significativo reordenamento do sistema familiar. Constata-se um número cada vez maior de famílias uniparentais, que têm na maioria dos casos, a mãe como progenitora responsável. (MARIN, DONELLI, LOPES e PICCININI, 2009, p. 2).[10]

2. Maternidade

Como vimos a partir do breve resumo da história da família e suas composições, a função da mulher de gerar filhos é considerada por muitos, homens e mulheres, como única forma de realização feminina, juntamente com a responsabilidade do

(8) ARRAIS, Rebeca H; GOMES, Isabel C.; CAMPOS, Elisa, M. P. "A monoparentalidade por opção e seus aspectos psicossociais: Estudo de revisão interativa". *Revista da SPAGESP*, v. 20, n. 1, p. 39-53, jan./jun. 2019, São Paulo, 2019.

(9) MARIN, A.; PICCININI, C. A. "Famílias uniparentais: a mãe solteira na literatura". *Psico*, v. 40, n. 4, 2010.

(10) MARIN, Angela; DONELLI, Tagma; LOPES, Rita; PICCININI, Cesar. "Expectativas e sentimentos de mães solteiras sobre a experiência do parto". *Aletheia* [*online*]. 2009, n. 29, p. 57-72. ISSN 1413-0394.

cuidado do lar e de todos os membros da família. Com as novas constituições de família, a sociedade ainda cobra dos corpos femininos a maternidade, pois ainda é considerada como algo naturalizado, próprio das mulheres, por isso ainda há um grande estranhamento em relação às mulheres que optaram por não exercer a maternidade, como se fossem incompletas e infelizes por tal motivo.

Segundo Leão, Porta, Pauli, Antoniazzi e Siqueira (2017, p. 2):(11)

> Historicamente a maternidade foi representada como ideal máximo da mulher e como elemento agregador necessário para sobrevivência da família. A maternidade e o cuidado com o lar são, ainda hoje, valorizados socialmente como funções femininas inerentes à mulher.

Existe um modelo estereotipado de ser mãe, como se a maternidade fosse algo inerente ao corpo feminino, como a sequência lógica fosse: é mulher, logo deve ser mãe, fator único para chegar à plenitude de sua realização como ser humano. Isso mostra que o padrão de comportamento e conduta já estabelecidos pelo patriarcado ainda se perpetua em nossa sociedade, independentemente do gênero, idade e grau de instrução. As mulheres são criadas e condicionadas desde pequenas a seguirem os padrões impostos pela sociedade, mesmo antes de seu nascimento suas condutas já estão preestabelecidas, ou seja, existe uma expectativa para que ela aja conforme essas condutas.

Com a origem da família moderna, os papéis sociais para homens e mulheres foram incorporados socialmente e reverberaram ao longo da história da sociedade. A francesa Elizabeth Badinter (1985) apresenta que, entre os diversos discursos que legitimaram esses papéis, o discurso biológico foi utilizado amplamente para corroborar com a existência de instintos naturais que, além de condicionar a mulher a um papel de submissão social, também a colocou no papel de cuidadora. Nessa esteira, a psicóloga Valeska Zanello demonstra quão enraizados esses valores estão e como funciona o que ela denomina de "dispositivo materno": O dispositivo materno diz respeito, assim, a um lugar de subjetivação no qual as mulheres são constituídas como cuidadoras 'natas'. (...) esse dispositivo se construiu historicamente, sobretudo a partir do século XVIII, momento esse no qual a capacidade de maternagem foi compreendida como desdobramento da capacidade de procriação

---

(11) LEÃO, F.; PORTA, D.; PAULI, C.; ANTONIAZZI, M.; SIQUEIRA, A. "Reflexões teóricas sobre maternidade e adoção no contexto da monoparentalidade feminina". *Pensando famílias*, vol. 21 n. 2, Porto Alegre, dez. 2017.

(ZANELLO, 2016, pp.113-114).[12] O dispositivo materno atua juntamente com o modelo de "boa-mãe" instituído pelo Mito do Amor Materno de Badinter, impondo para as mães que se anulem diante das suas responsabilidades com os seus filhos. Uma mulher que não priorize o cuidado com os outros (filhos, marido, família), geralmente é julgada como egoísta, fálica e outros termos que, no uso, adquirem um caráter pejorativo (ZANELLO, 2016, p. 114). No mesmo sentido, a também psicóloga Carol Gilligan apresenta conceitos relevantes para análise do condicionamento feminino ao abordar a "ética do cuidado" e a "ética da justiça", ao demonstrar que homens e mulheres utilizam diferentes conceitos morais na resolução de problemas éticos. A "ética da justiça" prioriza os direitos individuais, noções de justiça e normas universais, enquanto a "ética do cuidado" baseia-se na empatia, na preocupação com o outro, o bem comum e busca a manutenção dos relacionamentos de cuidado durante qualquer tomada de decisões. Nesse sentido, a autora conclui que "dentro de uma estrutura patriarcal, o cuidado é uma ética feminina" (GILLIGAN, 2011, p. 22).[13]

Assim, compreendemos que em nossa sociedade as mulheres foram historicamente submetidas às atividades do cuidado, de tal maneira que essas já se encontram como valores morais seguidos muitas vezes sem quaisquer questionamentos, pois esses valores já penetraram nosso conceito feminino de ética. É bem verdade que há muitos progressos no que diz respeito às mulheres, entretanto, quando o assunto é cuidado dos filhos e das tarefas domésticas, pouco foi modificado em nossa sociedade.

Quando pensamos no papel de mãe, socialmente imaginamos aquela mulher que está disponível para as necessidades daqueles que precisam dela. É também socialmente delegado à mulher o lugar do cuidado, não é por acaso que profissões associadas ao cuidado são historicamente destinadas às mulheres, como por exemplo, domésticas, babás, cuidadoras de idosos, enfermeiras e professoras. São esses papéis que se destinam às mulheres e aquelas que ousam avançar na sua carreira passam por diversos julgamentos, como explica Badinter ao criticar concepções segundo as quais o "papel" da mãe é o de ser subserviente aos filhos e cuidados com a família (BADINTER, 1985).[14]

---

(12) ZANELLO, Valeska. "Dispositivo materno e processos de subjetivação: desafios para a psicologia". In: ZANELLO, Valeska; PORTO, Madge (Orgs.). *Aborto e (não) desejo de maternidade(s):* questões para a psicologia. Brasília: Conselho Federal de Psicologia, 2016. p. 103-122.

(13) GILLIGAN, Carol. *Joining the Resistance*. Cambridge: Polity Press, 2011.

(14) BADINTER, Elisabeth. *Um Amor conquistado:* o mito do amor materno. Rio de Janeiro: Nova Fronteira, 1985. Tradução de Waltensir Dutra.

3. Núcleos domésticos monoparentais

Há no imaginário, especialmente no do brasileiro, que essas novas configurações de família são recentes, no entanto famílias chefiadas por mulheres sempre existiram e isso foi constatado pelo IBGE, em 1872, que registrou que 30 % dos lares eram chefiados por mulheres (COSTA e MARRA, 2013).(15) Faz parte da história do Brasil lares constituídos pela chefia feminina, devido a diversas situações. O que ocorria muito no início do século XX era o abandono do marido em busca de melhores empregos e salários em outras regiões do país, deixando para trás mulheres e filhos. Ainda que a família monoparental sempre tenha existido na sociedade brasileira, só foi reconhecida na Constituição em 1988, como explanamos anteriormente.

A mulher chefe da família monoparental ou mãe solo é responsável por todas as atividades de pai, mãe, atenção e cuidados com os filhos, provedora, responsável pelo sucesso da sua vida profissional. Focam, muitas vezes, na atenção dos filhos e no trabalho, e acabam por abandonar questões como lazer, cultura e demais atividades que poderiam ser de seu interesse.

É preciso abordar e analisar como a sociedade brasileira dimensiona questões relacionadas às vivências de mães solo; desafio complexo, como enfatiza (BABIUK, 2015).(16) O pai sempre foi valorizado pelos recursos econômicos e pela sua autoridade moral; sua presença é o que completava a família, e devido à sua ausência, a família era considerada incompleta. Porém, essa imagem não é mais plausível. As funções preestabelecidas de o pai ser o único provedor e a mãe a única cuidadora está aos poucos desaparecendo. No entanto, mesmo que a mulher assuma, em algumas situações, o comando financeiro da família, ainda existe a concepção de o homem ser o provedor do lar e a mulher a cuidadora.

Um aspecto necessário de ser discutido é que ser provedor, ou cuidador da criança, não é algo que deveria estar relacionado ao gênero, mas sim a uma parentalidade plena em que ambos fossem capazes de oferecer afeto e prover as necessidades da criança, protegendo-a de situações de perigo (NÚNCIO e BALIANA, 2013).(17)

---

(15) COSTA, Florença A.O., MARRA, Marlene, M. "Famílias brasileiras chefiadas por mulheres pobres e monoparentalidade feminina: risco e proteção". *Revista Brasileira de Psicodrama*, 2013.

(16) BABIUK, Graciele Alves. *Famílias monoparentais femininas, políticas públicas em gênero e raça e serviço social*. Florianópolis, 2015.

(17) NÚNCIO, MARIA José e BALIANA, Livia Karla. *Monoparentalidade feminina e seus desafios:* um estudo exploratório. Dissertação. Universidade de Lisboa, 2013.

Como mencionado, os lares chefiados por mães solo estão cada vez mais comuns nas últimas décadas e os motivos são variados, como abandono, separação, viuvez ou por opção: técnicas reprodutivas, adoção. A família monoparental, na maioria das vezes, encontra na figura materna o único adulto responsável pela organização e manutenção da casa e a base emocional e financeira dessas famílias. Tais mulheres, denominadas atualmente de mães solo, cuidam de seus filhos sozinhas e é comum que sofram um grande estresse em sua vida em decorrência da sobrecarga dos afazeres, problemas oriundos das questões financeiras e dos momentos de solidão e abandono em que se encontram em relação às demais mulheres que são casadas ou que têm uma rede de apoio.

A monoparentalidade, por tradição, foi ligada à pobreza e à vulnerabilidade, no entanto, existe um número cada vez maior de mulheres que optam pela maternidade sem ter um relacionamento conjugal. Tais situações criam elementos para a estrutura da família contemporânea (ARRAIS, GOMES e CAMPOS, 2019). Com um olhar sociológico, as famílias possuem dinâmicas e se transformam constantemente de modo que tanto os fatores internos como os externos influenciam na dinâmica e funcionalidade dessa instituição (COSTA e MARRA, 2013). Portanto, em constante mudança, a família sofre as ações das modificações presentes na sociedade. Entre as famílias monoparentais, as de mães solteiras que nunca se casaram são a que mais aumentam na atualidade. As mulheres que optaram por viver a maternidade sozinhas são aquelas que possuem recursos satisfatórios para o cuidado de um lar monoparental e educação dos filhos, o que nem sempre acontece com as mães que não optaram por viver tal situação, principalmente as de classes sociais menos favorecidas, que geralmente acabam tendo mais filhos. Em oposição à mulher solteira sem filhos, a monoparentalidade programada aparece como estilo de vida preferível e desejável. Dessa forma, ela receberia novas formas de legitimação que reforçam novas e velhas concepções sobre o potencial reprodutivo da mulher e o que seria sua "razão primordial de vida" (ARRAIS, GOMES e CAMPOS, 2019, p. 3).

Ainda em pleno século XXI, as condutas e atitude das mulheres são julgadas. Uma mãe sem envolvimento afetivo com o pai da criança, principalmente vinculado ao matrimônio, é tratada com preconceito, uma ameaça à estrutura tradicional da família, essa considerada ainda como modelo a ser seguido e idealizada como o espaço da felicidade e da realização pessoal. Com o aumento dos divórcios e o número de famílias monoparentais chefiadas por mulheres, configurou-se a existência de um novo problema: o pai totalmente ausente ou com pouco contato após a separação: "De acordo com dados do IBGE, em 2018, o Brasil tinha aproximadamente 11,5 milhões de mulheres que não podiam contar com a presença e responsabilidade dos pais para cuidar e educar seus filhos: são as chamadas mães solo" (MARQUES, 2020, s/p).[18] Vários são os problemas que mulheres chefes de família enfrentam, como a sobrecarga da dupla jornada de trabalho, a falta de auxílio de um companheiro, ou até dificuldade de encontrar um emprego com maior remuneração. Tudo isso pode fazer com que ela se sinta mais cansada devido a vários motivos, como não ter com quem deixar o filho, não encontrar vagas na creche, não conseguir atender às solicitações de hora extra no trabalho e por vezes ser demitida por esta razão (CÚNICO e ARPINI, 2014). Mulheres que conduzem um lar sozinha, além da sobrecarga da jornada de trabalho e cuidado com o lar e educação dos filhos, enfrentam questionamentos de como dar conta de todas essas funções.

A atuação feminina como chefe do lar é colocada à prova nos espaços público e privado, precisando sempre provar a todos a sua capacidade para conduzir uma família sozinha. Várias são as condições da família monoparental e diversas são as formas de sua imagem na sociedade, podendo, portanto, ter vivências positivas ou negativas (VERZA, SATTLER e STREY, 2015).[19] Existem vários olhares sobre as mulheres, alguns com julgamentos e outros com admiração e modelo de superação. Para alguns, a mulher é uma batalhadora, que mesmo o pai não assumindo sua responsabilidade, vai à luta, trabalha e cuida do filho; por outro lado, muitos ainda possuem um olhar preconceituoso e desvalorizam a mãe que não convive com o pai da criança.

Em relação aos danos efetivos desse abandono na vida das crianças, existem inúmeras pesquisas e estudos que demonstram que a ausência paterna afeta na identidade e autoestima da criança, acarreta um vazio emocional e necessidade de conexão, dificuldades de relacionamento e confiança, sentimentos de luto e dificuldade no processamento emocional e ainda impacto na saúde mental. De acordo com Muza,[20] crianças que não convivem com o pai acabam tendo problemas de identificação sexual, dificuldades de reconhecer limites e de aprender regras de convivência social. Nesse mesmo sentido, Ferrari[21] afirma que "há uma necessidade

(18) MARQUES, Gleyce. *O abandono paterno e a culpabilização da mulher*. Comitê de Políticas de prevenção e enfrentamento à violência contra as mulheres na UFPB, 2020.

(19) VERZA, Fabiana; SATTLER, Marli K.; STREY, Marlene Neves. "Mãe, mulher e chefe de família: Perspectivas de gênero na terapia familiar". *Pensando Famílias* [*online*]. 2015, vol. 19, n. 1, p. 46-60.

(20) MUZA, G. M. "Da proteção generosa à vítima do vazio". In: SILVEIRA, P. *Exercício da paternidade*. Porto Alegre: Artes Médicas, 1998. p. 143-150.

(21) FERRARI J. L. "Por que es importante el padre?". In: FERRARI, J. L. *Ser padres en el tercer milenio*. Mendoza: Ediciones del Canto Rodado, 1999. p. 91-117.

inata de filiação nos seres humanos, o que não é diferente com os filhos de mães sozinhas". O autor também diz que os filhos "têm a necessidade de saber por que seu pai partiu e de escutar isso da boca deste, e não através da interpretação da mãe". Esse vazio, segundo Ferrari, é formado pela noção das crianças de não serem amadas pelo genitor que está ausente, com uma grande desvalorização de si mesmas em consequência disso. Além dessa autodesvalorização, ocorrem os sentimentos de culpa "por ser uma criança má, por haver provocado a separação, por ter nascido". A criança pensa ser má por ter sido deixada. O autor afirma que isso "pode gerar reações variadas, desde tristeza e melancolia até agressividade e violência". E prossegue dizendo que "os tímidos e temerosos do exterior se fecham em si mesmos, e os extrovertidos e temerosos do interior de sua história se vingam no mundo com condutas anti-sociais".

É claro que é um assunto muito complexo e com muitas variáveis, assim como há variáveis nas configurações da monoparentalidade, bem como os fatores que a constituem, conforme discorrido acima. No entanto, observa-se que o modelo social ainda idealizado no imaginário das crianças é aquele de uma família integrada por mãe e pai, alguém que seja corresponsável por elas junto à mãe e, por vezes, fantasiado como um superpai. A maternidade exercida pelas mães solo enfrenta inúmeros desafios como o abordado nas pesquisas e estudos supramencionados. A ausência da figura paterna na criação dos filhos vai contra o modelo de família que é promovido pela sociedade, o que traz frustrações tanto para as mães quanto para os filhos. Os filhos sempre estão esperando uma ligação, uma visita, que poucas vezes acontece. As questões sociais, econômicas e culturais são a base para poder entender o fenômeno da monoparentalidade feminina no ambiente familiar e no meio social, assim como as questões de gênero, que mostram que ser mulher, mãe e chefe familiar ainda envolve vários desafios, como direcionar a sua vida social, afetiva e profissional (VERZA, SATTLER e STREY, 2015).

Muitas mulheres se encontram em seus limites físicos, psíquicos e emocionais, de tanta tarefa a ser realizada. Aqui cabe ressaltar mulheres que possuem um marido, mas mesmo assim se sentem sobrecarregadas e desassistidas pelo companheiro. A sobrevivência é o que impulsiona as mulheres pobres para o trabalho, mas, infelizmente, recebem baixos salários e têm os piores empregos. Essas mulheres precisam ainda enfrentar o moralismo estrutural que considera apenas o homem como chefe de família (COSTA e MARRA, 2013). Mulheres da classe média muitas vezes podem optar por emprego mais perto, um no qual será promovida na profissão e garantirá uma vida segura financeiramente para suprir as necessidades familiares. Já mulheres de classes populares precisam aceitar os empregos que conseguem devido à baixa escolaridade e aos preconceitos étnico-raciais para darem um sustento aos seus filhos, muitas vezes distante de uma boa condição.

Limitação financeira e culpa de não estar presente no cotidiano dos filhos são constantes no dia a dia de mulheres chefe de família das classes menos favorecidas. Existe uma carga pesada de responsabilidades com as várias funções que desempenham, como sentimentos de estar sempre em débito com os filhos por passar o dia inteiro no trabalho, restando poucos momentos para cuidado dos filhos e do lar. Vivem o dilema de ficar longe do filho para manter a casa e as despesas. No entanto, trabalho e família juntos podem auxiliar a mulher a construir sua identidade feminina e seu fortalecimento (COSTA e MARRA, 2013), sendo a saída da mulher para o mercado de trabalho perverso e injusto. A ausência paterna é um dificultador na vida das famílias monoparentais.

4. O perfil das mães solo no Brasil

Muitas são as mulheres as únicas ou principais responsáveis pela criança e mantenedoras do seu lar. A maternidade solo é uma realidade antiga, como vimos, e muitas delas são mães autônomas, estão nessa condição seja por uma gravidez não esperada, ou por decisão própria, como mulheres que usam doadores para engravidar e pretendem manter a gravidez sozinhas, ou mulheres que desfizeram de seu relacionamento conjugal e vão viver sozinhas com seus filhos.

Segundo Borges (2020),(22) a sociedade patriarcal passou a se referir às mulheres que tinham filhos, mas não estavam inseridas em um matrimônio, como "mães solteiras". Durante muito tempo o termo utilizado para as mulheres com filhos(as) que não estavam inseridas em um relacionamento conjugal foi denominado dessa forma, posto que para a sociedade a conjugalidade era um fator essencial para que as mulheres pudessem se tornar mães. O termo "mães solteiras", como eram conhecidas as mães solo, carrega o forte resquício da sociedade machista e patriarcal do século XX, em que a mulher — sobretudo a mulher casada — possuía seus direitos civis, sexuais e reprodutivos reduzidos e em sua maioria submetidos à vontade do marido (BORGES, 2020, p. 13).

De acordo com dados do Instituto Brasileiro de Geografia e Estatística (IBGE), o Brasil tem mais de 11 milhões de mulheres que são as únicas responsáveis pelo cuidado com filhos e filhas. 63% das casas chefiadas por mulheres estão abaixo da linha da pobreza e o número de mães solo no Brasil em 2022 é maior

(22) BORGES, Aline. "Maternidade na contemporaneidade: o desafio da construção de novos modelos familiares". In: *ENCONTRO INTERNACIONAL DE POLÍTICA, TRABALHO E SOCIEDADE*, 5., 2020, Belo Horizonte. Anais... Belo Horizonte: FJP, 2020. p. 13.

observado em cinco anos, de acordo com os cartórios de registro civil. Já a maioria das mães solo no Brasil são negras (90%), e que em 63% das casas chefiadas por mulheres negras estão abaixo da linha da pobreza, os estudos indicam que mulheres negras encontram maior restrição à condição de moradia, saneamento básico e internet. Apresenta o IBGE que a desigualdade se reflete no acesso a saneamento básico e internet, já que 42% das mulheres negras não contam com saneamento básico e 28% não têm internet, em comparação a 28% e 23% das mulheres brancas, respectivamente. Outro dado importante relaciona-se ao levantamento de que 42 milhões de mulheres no Brasil receberam algum benefício do governo Federal. Esse valor equivalia a aproximadamente R$ 145 mensais, por pessoa como Bolsa Família. A proporção das mães negras solo com filhos é maior em relação às mães brancas em casa com ao menos uma inadequação, como a falta de banheiro exclusivo, construção feita com material não durável ou mais de três moradores por quarto. Proporcionalmente, a cada 100 mães solo com filhos com menos de 14 anos, 4,6 mulheres negras não contam com um banheiro exclusivo, entre as mulheres brancas, a proporção cai para 1,4. Outra questão pertinente ao perfil de mães solo vulneráveis relaciona-se intimamente com as situações de violência doméstica. A questão da violência contra a mulher é um fenômeno que não é novo na sociedade.

5. A participação das mães solo na garantia de direitos dos seus filhos

Atualmente, milhares de crianças no mundo são criadas por mães solo. Essa realidade persiste há vários séculos e essas mulheres são colocadas, muitas vezes, em condições subumanas para conseguir recursos para a manutenção de sua vida e de sua família. Por vivermos em uma sociedade patriarcal, as mulheres são rotuladas de forma preconceituosa por conta do contexto social e desse arranjo familiar.

É muito comum ainda escutarmos a expressão "mãe solteira" para se referir àquelas mulheres que criam sozinhas os seus filhos. Se o pai não divide a criação com a mãe igualitariamente, responsabilizando-se por 50% do tempo, ela ainda será considerada uma mãe solo – mesmo que ele coloque seu nome na certidão de nascimento do filho, pague a pensão e veja a criança algumas vezes durante a semana. Cuidar e criar envolve a integralidade da criança como ser humano em formação. Contudo, com base no que foi apresentado, infelizmente, ainda existe uma cultura que viabiliza e apoia esse comportamento masculino de isenção perante a paternidade.

Mães solo encaram preconceitos e enfrentam discriminações para encontrar trabalho, acrescido de um Estado ausente, a raridade de creches e os preconceitos de toda ordem dessa sociedade sexista, que agrava as condições de vulnerabilidade dessas mulheres e suas famílias, principalmente no que tange à busca pela criação, manutenção e exercício dos seus direitos.

No Brasil, as alterações legislativas como Estatuto da Mulher Casada (Lei n. 4.121/1962), Emenda Constitucional do Divórcio (EC n. 9/77) e a Lei do Divórcio (Lei n. 6.515/77), Constituição Federal de 1988, que reconhece as famílias monoparentais, e a Lei Maria da Penha (Lei n. 11.340/2006) foram essenciais para a emancipação e a justiça em relação às mulheres e a produção de novas configurações familiares. Elas resultam de lutas de movimentos feministas e demais grupos de mulheres, tal como Maria da Penha. Disso derivam questionamentos sobre a mescla entre desejo, imposições sociais e práticas que interpelam a família nuclear ocidental, cuja base é branca e europeia, além de produzir pesquisas sobre as diferenças entre os efeitos da opressão sobre as mulheres, especialmente negras, que se encontram entre a maioria das chefias das famílias monoparentais e em situação de pobreza.

Os direitos e deveres de uma mãe solo são os mesmos no que tange aos cuidados de qualquer criança ou adolescente, como garante o art. 227 da Constituição Federal de 1988, que prevê que

> É dever da família, da sociedade e do Estado assegurar à criança e ao adolescente, com prioridade absoluta, o direito à vida, à saúde, à alimentação, à educação, ao lazer, à profissionalização, à cultura, à dignidade, ao respeito, à liberdade e à convivência familiar e comunitária, além de colocá-los a salvo de toda forma de negligência, discriminação, exploração, violência, crueldade e opressão.

Os mesmos direitos, com igual prioridade, são defendidos pelo art. 4º do ECA (Lei n. 8.069, de 13 de julho de 1990).

O direito da criança inicia na gestação, conforme a Lei n. 11.804, de 5 de novembro de 2008, e conforme descrito no ECA, que afirma o direito da mulher gestante à alimentação e a outros itens, como a cobertura de despesas decorrentes da concepção, da alimentação especial, da assistência médica e psicológica, de exames complementares, de internações, do parto, de medicamentos e demais prescrições pelo médico e o que o juiz considere pertinente.

Os primeiros deveres da mãe para com o filho são o cuidado durante a gestação e, em sequência, o registro civil, sendo essa a primeira condição para garantir a cidadania de um indivíduo. Após os primeiros compromissos com o filho, qualquer mãe tem uma série de responsabilidades relacionadas ao desenvolvimento integral da criança. Porém, em alguns casos, isso é negligenciado devido a uma série de fatores ligados tanto à rotina da mãe quanto aos serviços públicos disponíveis. Enquanto os estabelecimentos de atendimento da saúde e educação devem proporcionar condições para o atendimento integral da criança, paralelamente, os pais ou responsáveis devem apoiar todo o processo.

Os direitos para com as crianças são os mesmos para todas as mães, no entanto, como discorremos ao longo deste trabalho, a mãe solo tem que fazer valer o seu direito e dos seus filhos com alguns aspectos particulares sobre algumas áreas da sua vida, como:

> Trabalho: aceitando trabalhos por vezes subumanos, com salários indignos, enfrentando discriminação também no ambiente de trabalho devido ao estereótipo do modelo de família aceitável e preocupações sobre sua capacidade de equilibrar trabalho e responsabilidades parentais. A falta de políticas de licença parental remunerada e flexibilidade no local de trabalho;
>
> Acesso a serviços de saúde e educação: Mães solo podem enfrentar barreiras no acesso a serviços de saúde e educação de qualidade para seus filhos. Isso pode ser devido a questões financeiras, localização geográfica ou falta de informação sobre recursos disponíveis, como discorremos ao longo deste trabalho, incluindo a falta de saneamento básico e outros direitos que o Estado deveria fornecer de forma prioritária;
>
> Estigma social: A maternidade solo ainda é estigmatizada, o que muitas vezes resulta em isolamento social, falta de apoio emocional e discriminação. Esse estigma pode afetar tanto as mães quanto as crianças, criando um ambiente que dificulta o acesso a oportunidades e recursos. O que também acarreta sobrecarga e doenças mentais, como depressão, ansiedade, entre outros, pelo excesso de cobrança de falta de rede de apoio.

Ademais, a maternidade solo, quando não decorrente de uma opção ou da viuvez, é também uma situação em que a mãe precisa lutar para ver os seus direitos e os dos seus filhos sendo satisfeitos, como no caso em que a mãe precisa requerer a pensão alimentícia e por vezes executar o genitor judicialmente for falta de pagamento dos alimentos. Em uma sociedade machista, é visto como normal um pai que deixa a família deixar também sua obrigação de prover o mínimo para sua prole, pois fica subentendido partir da cultura enraizada no Brasil que como homem o seu dever de prover acaba quando a relação conjugal amorosa termina ou quando ela sequer começou, cabendo assim à mulher ter que acionar judicialmente e mais uma vez ser estigmatizada por "forçar" o homem a exercer a sua obrigação para com seu próprio filho, como se fosse uma ajuda assisti-lo e não o seu dever. A mesma realidade se aplica quando se faz necessário a regulamentação de visitas, seja para colocar ordem e manter uma rotina para com a criança em detrimento do pai que deseja fazer a seu bel-prazer, seja para os genitores que têm pouco ou nenhum contato com o filho e se veem alvos dessa ação para que a criança possa ter o mínimo acesso ao pai, na tentativa de a mãe solo garantir, de alguma forma, a divisão das obrigações e o direito do seu filho em conviver com o pai.

Por um prisma positivo, alguns avanços a serem pontuados são: no Brasil, a guarda dos filhos após a separação dos pais é decidida com base no princípio do melhor interesse da criança. Embora historicamente a guarda fosse frequentemente concedida à mãe, atualmente há uma tendência em direção à guarda compartilhada, que busca envolver ambos os pais na vida da criança, desde que isso seja benéfico para ela. Além disso, as mães solo têm direitos parentais legalmente reconhecidos sobre seus filhos, independentemente do estado civil ou da situação do relacionamento com o pai. Isso inclui o direito de tomar decisões importantes em relação à saúde, educação e bem-estar da criança.

Em que pesem todas as dificuldades, estigmas e conceitos apresentados, a verdade é que a grande maioria das mães solo frequentemente priorizam a educação de seus filhos, entendendo que é fundamental para o seu futuro. Elas se esforçam para garantir que seus filhos tenham acesso a uma boa educação, auxiliando-os nos estudos, participando ativamente da vida escolar e buscando recursos educacionais adicionais, quando necessário. Estão atentas à saúde física e emocional de seus filhos. Elas os levam regularmente a consultas médicas, garantem que recebam vacinas e tratamentos, quando necessário. Desempenham um papel crucial no apoio emocional de seus filhos. Elas oferecem amor, compreensão e suporte emocional, ajudando-os a enfrentar os desafios da vida e a desenvolver resiliência. As mães solo trabalham para garantir a segurança de seus filhos, protegendo-os de situações de risco e ensinando-lhes habilidades de autoproteção.

E são defensoras incansáveis de seus filhos, lutando por seus direitos em diversas áreas, como acesso à justiça, proteção contra abuso e discriminação, e acesso a serviços públicos adequados.

Sabe-se que as leis e os serviços são de suma importância para as crianças e adolescentes terem um desenvolvimento saudável. Infelizmente, isso não acontece conforme previsto em lei, seja por falha dos serviços, dos governantes ou da própria família, por diversas motivações. Realizar o cuidado dos filhos é sempre um desafio, principalmente quando a mulher se encontra sozinha para tal exercício, surgindo assim a necessidade de se reinventar diariamente. Assim, pode-se dizer que as leis são as mesmas e as garantias de direitos protegidas para todas as crianças, mas cada mãe solo sabe da sua realidade e a luta para fazer cada um desses direitos, a luta para existir, resistir e formar um outro ser humano em um cenário caótico como este, tentando não reproduzir as mesmas mazelas que a sociedade institui a ela, sem apoio, muitas vezes sem proteção e sem transferir as marcas das suas dores, a fim de criar um ser humano que seja capaz de ser melhor e ir mais longe do que ela foi. Quantos desafios existem na maternidade e por conta dessas desigualdades muitos mais existem na maternidade solo.

6. Conclusão

Em primeiro lugar, é importante reconhecer o desafio enfrentado por mães que criam seus filhos sozinhas. Elas muitas vezes precisam conciliar múltiplos papéis, como provedora financeira, cuidadora, educadora e figura de apoio emocional. Esse equilíbrio pode ser particularmente desafiador em meio a obstáculos como falta de recursos financeiros, falta de suporte familiar ou social e estigma social.

No entanto, apesar dos desafios, as mães solo desempenham um papel crucial na garantia dos direitos de seus filhos. Elas são muitas vezes as principais defensoras e protetoras de seus filhos, lutando para garantir que tenham acesso a todas as oportunidades e recursos disponíveis.

A participação das mães solo na garantia dos direitos de seus filhos é essencial para o desenvolvimento saudável e bem-sucedido das crianças. Elas são verdadeiras heroínas, enfrentando desafios com resiliência e determinação, e merecem todo o apoio e reconhecimento por seu trabalho incansável.

A evolução do conceito de "mãe solo" reflete mudanças importantes na percepção social e na valorização da autonomia feminina na maternidade. Anteriormente, o termo mais comumente utilizado para descrever mulheres que criavam seus filhos sozinhas era "mãe solteira". No entanto, essa denominação carregava consigo uma carga de estigma e pressupunha a ausência de um parceiro masculino na vida da mulher. Com o passar do tempo e o surgimento de movimentos feministas e de reivindicação dos direitos das mulheres, o conceito começou a evoluir para uma abordagem mais inclusiva e empoderadora.

A transição para o termo "mãe solo" representa uma mudança significativa na linguagem utilizada para descrever a experiência dessas mulheres. O termo "solo" denota independência e autossuficiência, enfatizando a capacidade das mulheres de assumir a responsabilidade integral pela criação e sustento de seus filhos, independentemente do *status* de relacionamento com o pai da criança. Ao adotar o termo "mãe solo", a sociedade está desafiando estereótipos e preconceitos associados à maternidade fora do casamento ou em situações em que o pai não está presente na vida da criança. Essa nova linguagem contribui para a desconstrução de ideias antiquadas sobre como uma família deve ser constituída e fortalece a narrativa de que todas as formas de família são válidas e merecem respeito.

Em síntese, a evolução do conceito de "mãe solo" representa um avanço na promoção da igualdade de gênero e na valorização da diversidade familiar. E é importante esse movimento de desafiar os estereótipos e preconceitos, mas para a grande parcela das mulheres que não optaram por essa condição de mãe solo, será mesmo a representação de independência e autossuficiência?

Independentemente do termo e do conceito a ser utilizado, cada mãe solo sabe o desafio, a sobrecarga, o amor e a dor que é ser uma mãe solo, e quanto esforço é necessário para garantir os direitos e o bem-estar de seus filhos.

Efeito interseccional com gênero no sistema penal e penitenciário: Explorando as complexidades e desigualdades

Débora Ribeiro de Souza

Introdução

Sabemos que, embora as mulheres tenham particularidades biológicas distintas das dos homens, é fundamental considerar que essas diferenças são principalmente influenciadas pela construção social do gênero e suas repercussões sobre os indivíduos. É crucial garantir a equidade de direitos para esse público, levando em consideração suas particularidades femininas. O sistema penal e o sistema carcerário são assimétricos quando se trata das necessidades de homens e mulheres, ignorando as demandas específicas de cada grupo, especialmente as demandas relacionadas às mulheres negras.

Em relação ao tema em questão, a estudiosa e docente Maria Helena de Oliveira França destaca o seguinte ponto:

> quando uma mulher, que assume esse perfil social, é condenada à prisão, verifica-se um esfacelamento, quase que completo da estrutura familiar. E os desdobramentos desse processo causam, nas mulheres, comportamentos completamente diferentes daqueles demonstrados pelos homens submetidos às mesmas condições.
>
> Muitas das mulheres encarceradas são muito jovens, com valores morais ainda em formação, de modo que a experiência do cárcere e todas as humilhações, regras e pressões lá vivenciadas podem reforçar

> ainda mais a inserção no mundo da criminalidade, representando, na maior parte dos casos, um caminho sem volta (França, 2020, p. 260).

Segundo um estudo internacional conduzido pelo Instituto de Pesquisa em Políticas Criminais e de Justiça do Reino Unido, denominado World Female Imprisionment List, do final de 2022, o Brasil se destaca com a terceira maior quantidade de mulheres presas globalmente, totalizando quase 43 mil detentas, ficando atrás apenas dos Estados Unidos e da China(1).

Entre os 644.305 detentos em celas pelo país, excluídos aqueles sob custódia das Polícias Judiciais, Batalhões de Polícias e Bombeiros Militares, um total de 27.375 eram mulheres. Além dessas, havia 18.368 em prisão domiciliar, totalizando 45.743. Da mesma forma que os homens presos, a maioria das mulheres encarceradas eram pretas e pardas, com 16.273 pessoas, enquanto 8.465 eram brancas, 166 amarelas e 79 indígenas, conforme o Relatório de Informações Penais — RELIPEN — do primeiro semestre de 2023.

1. Perfilamento e gênero

A discriminação racial e de gênero se entrelaçam de maneira significativa no âmbito judicial, criando conexões complexas que afetam de maneira desigual as mulheres negras. Essas mulheres enfrentam desafios distintos devido à sua intersecção entre raça e gênero, sofrendo abordagens policiais discrepantes em comparação com homens negros ou mulheres brancas.

Abaixo estão os relatos das seguintes notícias: a violência cometida por policiais contra uma mulher afrodescendente de 51 anos, na periferia de São Paulo, expõe o cenário triste de discriminação racial e violência estrutural que atingem as mulheres negras. Por sorte, esse episódio não resultou em uma tragédia ainda maior(2). Já Luana Barbosa não teve a mesma sorte, uma mulher negra e lésbica que foi vítima de agressão fatal por policiais militares em Campinas, em 2016(3).

---

(1) Levantamento global realizado pelo Instituto de Pesquisa em Políticas Criminais e de Justiça do Reino Unido, denominado *World Female Imprisionment* (Lista Mundial do Encarceramento), 2022.

(2) Mulher negra de 51 anos vítima de violência policial — Reportagem. Quanto mais eu me debatia, mais ele apertava a botina no meu pescoço', diz mulher vítima de violência policial em SP. *Fantástico/G1*. Disponível em: https://g1.globo.com/fantastico/noticia/2020/07/12/quanto-mais-eu-me-debatia-mais-ele-apertava-a-botina-no-meu-pescoco-diz-mulher-vitima-de-violencia-policial-em-sp.ghtml?fbclid=IwAR1BlcFN4Ytfnag5k4b2X5WwXQAxNlmEjyR0lT9G4gTqtZpUSB36Tq4SmGI. Acesso em: 28 abr. 2024.

(3) Caso Luana Barbosa dos Reis — Reportagem. Após morte, família acusa PMs de espancar mulher em Ribeirão Preto — Notícias em Ribeirão e Franca. Disponível em: https://g1.globo.com/sp/ribeirao-preto-franca/noticia/2016/04/apos-morte-familia-acusa-pms-de-espancar-mulher-em-ribeirao-preto.html Acesso em: 28 abr. 2024.

Outro caso lamentável é o de Cláudia Ferreira, que foi ferida a tiros e arrastada por mais de 300 metros por uma viatura policial em 2014[(4)]. Por último, mas não menos importante, há o caso de Marisa Carvalho, uma mulher negra moradora da Cidade de Deus (RJ), que faleceu em 2018 após sofrer um mal súbito ao ser agredida por um policial militar enquanto protegia seus filhos[(5)].

Da mesma forma que inúmeras situações parecidas acontecem nas ruas e comunidades marginalizadas do país, o que une esses casos, além da brutalidade policial e do preconceito racial, é a falta de punição para os responsáveis, já que nenhum deles está detido pelos crimes cometidos.

Além disso, é importante mencionar outros casos que ilustram como o perfilamento racial e de gênero afeta de forma adversa as mulheres negras[(6)].

1) *Abordagens policiais diferentes*: As mulheres negras tendem a ser mais alvo de procedimentos policiais violentos e ofensivos. Elas são frequentemente consideradas suspeitas de atividades criminosas, mesmo quando não existem provas substanciais.

2) *Transgressão de direitos*: Revistas corporais hostis, detenções sem justa causa e emprego abusivo da força policial. Essas ações agravam as desigualdades no meio carcerário, o que acaba aumentando as chances de mulheres negras serem detidas e condenadas de forma injusta.

3) *Influência na sentença*: Esse grupo frequentemente encara uma justiça criminal mais severa quando comparado a homens negros ou mulheres brancas, com penas mais rigorosas e menos chance de obter penas alternativas. Isso não apenas evidencia o preconceito racial, mas também estereótipos de gênero que representam as mulheres negras como mais ameaçadoras ou menos dignas de compaixão.

O acesso à Justiça é um desafio para as mulheres negras, devido a diversas barreiras, como a escassez de recursos financeiros e discriminação nos órgãos

(4) Caso Cláudia Silva Ferreira — Reportagem. Arrastada por carro da PM do Rio foi morta por tiro, diz atestado de óbito - notícias em Rio de Janeiro. Disponível em: https://g1.globo.com/rio-de-janeiro/noticia/2014/03/arrastada-por-carro-da-pm-do-rio-foi-morta-por-tiro-diz-atestado.html. Acesso em: 28 abr. 2024.

(5) Caso Marisa de Carvalho Nóbrega - Reportagem. Disponível: https://www.geledes.org.br/mulher-morre-apos-acao-desastrada-do-bope-na-cidade-de-deus. Acesso em: 28 abr. 2024.

(6) Enquete realizada pelo IDDD e data-labe denominada "Por Que Eu?". Disponível em: https://datalabe.org/relatorio-por-que-eu/. Acesso em: 25 abr. 2024.

institucionais. Esses obstáculos dificultam a busca por uma representação legal adequada e limitam a efetivação plena de seus direitos no âmbito do sistema de justiça penal.

É necessário destacar que a junção do racismo e do sexismo contribui para a vulnerabilidade dessas mulheres negras diante da injustiça no sistema judicial. Para lidar com essa questão, é indispensável adotar abordagens múltiplas que reconheçam e enfrentem as diversas formas de discriminação que impactam esse grupo. Isso implica debates contínuos, diálogos e acompanhamento de mudanças nas forças policiais, políticas de justiça criminal mais equitativas e na promoção da igualdade de gênero e racial em todos os aspectos da sociedade.

2. Violência dentro da prisão

Durante o período de encarceramento, as mulheres, especialmente as negras, são frequentemente vítimas de assédio com base em estereótipos raciais e de gênero, resultando em tratamentos discriminatórios que minam sua dignidade no sistema prisional. Entre as manifestações de assédio enfrentadas por elas, destacam-se:

1) *Revistas físicas*: Mulheres detentas são frequentemente submetidas a revistas físicas vexatórias durante sua prisão, muitas vezes com base no tabu colonialista e segregador da sociedade, que as consideram mais propensas a esconder no próprio corpo objetos proibidos ou substâncias ilegais. Essas ações são humilhantes e desumanas, e afetam a dignidade dessas mulheres.

2) *Mulheres negras são alvo constante de assédio sexual por parte de funcionários em prisões*: Há situações em que esses agentes do sistema penitenciário se aproveitam da situação de fragilidade e da falta de medidas de segurança adequadas. A situação se agrava devido à questão cultural e estrutural, que reforçam a crença de que as mulheres negras são mais propensas à exploração sexual e menos dignas de proteção.

3) *Agressões cometidas por outras prisioneiras*: Mulheres negras estão sujeitas a um aumento do perigo de sofrer agressões por parte de outras detentas. Elas podem ser vítimas de insultos verbais ou agressões físicas, além de serem frequentemente intimidadas e coagidas, o que contribui para tornar o ambiente prisional ainda mais hostil e perigoso.

4) *Descuido na área médica e de saúde mental*: Com frequência, as mulheres negras são alvo de tratamentos inadequados na prisão no que diz respeito à saúde física e mental, devido à mentalidade de que elas são mais fortes e

que as consideram menos dignas de cuidados ou menos capazes de experimentar dor e sofrimento. Esse quadro pode resultar em graves prejuízos à saúde, tanto física quanto mental, comprometendo ainda mais seu bem-estar e dignidade.

Assim, esse grupo enfrenta diversas formas de violências enquanto estão detidas. Para resolver esse problema, é essencial estabelecer políticas e práticas dentro das prisões que reconheçam e combatam o impacto desigual do assédio direcionado às mulheres negras, garantindo a segurança, dignidade e respeito delas no ambiente prisional. Isso envolve capacitar os funcionários das prisões de maneira sensível às questões raciais e de gênero, implementar processos seguros para denúncias e proporcionar acesso a apoio e recursos apropriados para as mulheres negras que sofram qualquer tipo de perseguição, seja ela física, mental ou moral durante a prisão.

3. Consequências do encarceramento antes do julgamento

As mulheres negras são impactadas de maneira desproporcional pelas detenções antes do julgamento devido a diversos motivos, como a imposição de pagamento de fiança e a restrição de acesso à liberdade condicional. Esses elementos colaboram para um sistema judiciário que frequentemente não respeita a presunção de inocência e mantém desigualdades raciais e de gênero. Nesse cenário, é possível identificar as discrepâncias presentes na detenção de mulheres negras.

1) *A desigualdade de fiança está presente de forma desproporcional*: Mulheres negras são mais suscetíveis a enfrentar fianças elevadas em comparação com outros grupos populacionais, mesmo quando são acusadas de crimes sem violência ou de menor impacto. Essa situação se dá por diversos motivos, como crenças que as consideram mais perigosas ou menos confiáveis. Como consequência, muitas mulheres negras não conseguem arcar com as fianças determinadas, resultando em suas detenções antes do julgamento enquanto esperam pelo processo legal.

2) *Restrição ao acesso à liberdade condicional*: Outros obstáculos para as mulheres negras obterem liberdade condicional incluem não apenas altas fianças, mas também a falta de recursos para contratar advogados particulares e a ausência de apoio da comunidade. Ademais, a ideia de que a mulher negra é perigosa e com tendência criminosa pode influenciar as decisões judiciais sobre a liberdade condicional, resultando em mais tempo de detenção antes do julgamento.

3) *Impacto na presunção de inocência*: A prisão dessas mulheres devido ao estabelecimento de fianças desproporcionais e à falta de acesso à liberdade condicional viola diretamente a presunção de inocência. Ao serem mantidas sob custódia antes de serem julgadas e condenadas por um crime, elas são consideradas culpadas antes mesmo de terem a chance de se defender em um tribunal. Isso fere seus direitos básicos e mantém estereótipos prejudiciais sobre as mulheres negras e sua suposta tendência à criminalidade.

Desse modo, constata-se que as detenções antes do julgamento afetam de maneira desigual as mulheres negras, comprometendo a presunção de inocência e perpetuando desigualdades raciais e de gênero no sistema penal. Torna-se imprescindível assegurar igual acesso à liberdade condicional e combater os preconceitos sistemáticos que contribuem para a criminalização dessas mulheres.

4. Desigualdades na aplicação de sentenças

Apesar de já mencionado anteriormente, este assunto evidencia a relevância do debate, visto que as desigualdades nas punições resultantes da interseccionalidade entre raça e gênero são motivo de preocupação.

No contexto da justiça criminal, é possível observar claramente que as mulheres negras são frequentemente submetidas a penas mais rigorosas ou diferenciadas em relação a outros segmentos da população. Abaixo estão alguns aspectos importantes a se levar em consideração:

1) *Viés racial e de gênero no sistema de justiça penal*: Estudos apontaram que o sistema de justiça penal pode sofrer influência de preconceitos raciais e de gênero, o que afeta especialmente as mulheres negras. Essas mulheres frequentemente lidam com os desafios, tanto por serem mulheres quanto por serem negras, o que pode impactar nas decisões judiciais e resultar em punições mais severas.

2) *Denúncia e sentença*: Mulheres negras têm uma maior probabilidade de serem denunciadas e sentenciadas por crimes em comparação com outras mulheres e homens negros. Isso pode ser justificado por diversos motivos, como a percepção de certos crimes quando cometidos por mulheres negras, além da escassez de acesso à assistência jurídica apropriada.

3) *Fatores que aumentam a gravidade da sentença*: Quando condenadas, as mulheres negras correm maior risco de enfrentar circunstâncias que aumentam a gravidade da punição, como serem condenadas por delitos ligados à

falta de recursos financeiros, como o envolvimento em atividades relacionadas ao uso de drogas, devido a condições socioeconômicas que impactam de forma desigual a comunidade negra.

4) *Diferenças na execução da justiça*: A tese de mestrado da pesquisadora Dina Alves (2015)(7), intitulada "Mulheres negras, juízes brancos" evidencia as discrepâncias na forma como a lei é aplicada a mulheres negras em contraste com outros segmentos. Como ilustração, mulheres negras podem estar mais suscetíveis a serem alvo de abordagens policiais violentas ou a enfrentarem um sistema judicial mais severo.

5) *Elementos do contexto*: É fundamental levar em conta os elementos do contexto que influenciam nas diferenças das decisões judiciais, como a interligação entre raça, gênero e classe social. Mulheres negras que sofrem múltiplas formas de exclusão devido à sua raça, gênero e classe social estão especialmente em situação desfavorável no sistema penal.

É relevante notar que o Conselho Nacional de Justiça aprovou uma recomendação — Resolução n. 128 do CNJ (2022)(8), que estabelece um "protocolo para julgamento com perspectiva de gênero" dentro do Poder Judiciário. O intuito desse documento é assegurar a imparcialidade nas decisões de casos envolvendo violência contra mulheres, evitando que decisões sejam influenciadas por estereótipos e preconceitos arraigados na sociedade. Além disso, procura-se promover uma atitude ativa de desmistificação e enfrentamento das desigualdades históricas e da discriminação de gênero.

A despeito da orientação do CNJ, é fato que as mulheres, especialmente as mulheres negras, ainda enfrentam obstáculos exclusivos e complexos no âmbito criminal, gerando disparidades significativas nas penas. Para abordar esse tema de forma adequada, é essencial compreender a fundo essa parcela da população, visando assegurar a igualdade e a imparcialidade para todos.

---

(7) ALVES, Enedina Amparo. Dissertação de mestrado: "Rés negras, juízes brancos: Uma análise da interseccionalidade de gênero, raça e classe na produção da punição em uma prisão paulistana", 2015. *REPOSITÓRIO PUCSP*: Rés negras, judiciário branco: uma análise da interseccionalidade de gênero, raça e classe na produção da punição em uma prisão paulistana. Disponível: https://repositorio.pucsp.br/jspui/handle/handle/3640. Acesso em: 28 abr. 2024.

(8) CNJ — Conselho Nacional de Justiça. *Recomendação n. 128, de 15 de fevereiro de 2022*. Recomenda a adoção do Protocolo para Julgamento com Perspectiva de Gênero, no âmbito do Poder Judiciário brasileiro. Disponível: https://atos.cnj.jus.br/atos/detalhar/4377. Acesso em: 28 abr. 2024.

5. Mulheres presas que são mães

As mães, especialmente as mulheres negras envolvidas no sistema penal, enfrentam desafios únicos, de acordo com o estudo da pesquisadora Naiara Cristina Silva (2011)[(9)]. Abaixo listamos algumas das dificuldades específicas enfrentadas por essas mulheres:

1) *Separação de famílias:* A detenção de uma mãe negra pode ocasionar na divisão dela de seus filhos, o que pode ser bastante impactante para todos os participantes. Esse afastamento pode acarretar efeitos emocionais e psicológicos prolongados nas crianças e nas próprias mães.

2) *Restrição de acesso à assistência infantil apropriada:* Mulheres negras que estão detidas podem enfrentar desafios para assegurar que seus filhos recebam os cuidados necessários enquanto estão na prisão. As unidades prisionais nem sempre disponibilizam serviços apropriados para mães, como creches, e as detentas podem ter dificuldades para manter contato constante com seus filhos.

3) *Obstáculos para conseguir emprego e moradia:* Ao saírem da prisão, essas mulheres enfrentam o desafio de encontrar trabalho e um lugar para morar devido ao preconceito relacionado à sua passagem pelo sistema penal. Isso pode dificultar ainda mais sua capacidade de oferecer suporte financeiro e emocional aos seus filhos.

4) *Impacto do trauma:* O encarceramento materno pode gerar consequências profundas e permanentes nas crianças, como questões de saúde mental, desafios na vida escolar e envolvimento em comportamentos de risco. A separação traumática e a ausência de suporte familiar adequado podem prejudicar a qualidade de vida e o crescimento saudável das crianças.

No que diz respeito às diretrizes de custódia de mães na prisão, muitas vezes não levam em conta adequadamente as necessidades desse grupo de mulheres no sistema penal, pois presumem automaticamente a incompetência dessas mulheres detidas ou não fornecem suporte adequado para manter os laços familiares, o que pode resultar na desestruturação familiar e no aumento do ciclo de

(9) SILVA, Naiara Cristina. "Mulheres negras em situação de prisão: gênero, raça e sistema prisional". *16º Encontro Nacional Abrapso*, 2011. Campus UFPE. Recife. Disponível em: https://www.encontro2011.abrapso.org.br/trabalho/view?q=YToyOntzOjY6InBhcmFtcyI7czozNjoiYToxOntzOjExOiJJRF9UUkFDQUxITyI7czo0OiIxOTc1Ijt9IjtzOjE6ImgiO3M6MzI6ImVhNGJlZTk5ZDFmNDQzN2Q5ZGY3YWJkMzZhYTcxMjA0Ijt9. Acesso em: 28 abr. 2024.

aprisionamento. É fundamental que tais diretrizes reconheçam as situações únicas delas no cárcere e trabalhem para manter os laços familiares sempre que possível, visando ao melhor interesse das crianças. Isso pode envolver o acesso a visitas frequentes, programas de parentalidade e suporte à reintegração familiar após a libertação da prisão.

6. Reabilitação e resiliência

É fundamental a participação dos programas de reinserção na sociedade das mulheres que estão cumprindo pena. No entanto, é necessário analisar se essas ações estão levando em conta a interseccionalidade de raça e gênero, sobretudo no que se refere aos desafios específicos enfrentados por mulheres negras. Abaixo estão alguns aspectos a serem ponderados:

1) *Abordagem integral:* É fundamental que os programas de reabilitação sejam abrangentes e considerem não apenas as necessidades específicas de cada pessoa, mas também as diversas formas de discriminação e opressão que elas enfrentam. É preciso reconhecer as interações entre raça, gênero e classe social na vivência das mulheres após a conclusão da pena.

2) *Serviços culturalmente sensíveis:* Os programas de reabilitação devem considerar as particularidades culturais e as vivências específicas das mulheres negras. Isso implica fornecer serviços que abordem temas como a discriminação racial, o machismo e as desigualdades socioeconômicas que podem afetar a reintegração dessas mulheres.

3) *Disponibilidade de recursos:* É frequente que as mulheres negras encontrem obstáculos adicionais ao tentar acessar recursos como moradia, emprego, saúde mental e apoio social após cumprirem suas penas. Os programas de reintegração devem assegurar que tais recursos estejam disponíveis e acessíveis para elas, levando em conta suas necessidades particulares.

4) *Participação ativa das mulheres negras:* A participação desse grupo é fundamental para que suas vivências sejam levadas em consideração na criação e execução de programas de reabilitação. Isso assegura que suas perspectivas e necessidades sejam devidamente atendidas e que os programas sejam focados nas pessoas que estão buscando se reintegrar.

5) *Capacitação culturalmente inclusiva para colaboradores:* Funcionários que atuam em projetos de reabilitação precisam passar por um treinamento específico abordando temas como raça, gênero e interseccionalidade, a fim de

assegurar que consigam oferecer um suporte eficiente e empático às mulheres negras que buscam reinserção na sociedade.

Nesse contexto, os programas de reinserção devem identificar e lidar de forma apropriada com as diversas dificuldades enfrentadas após o período de detenção, levando em conta a interseccionalidade existente. Abordamos dois exemplos de ações específicas, que desempenham em suas comunidades um papel fundamental em reintegrar essas mulheres após a prisão, como o movimento conduzido pela defensora dos direitos humanos Ester Rufino, chamado Manas Pretas Egressas[(10)] e o movimento liderado pela ativista Caroline Bispo, conhecido como Elas Existem[(11)]. Iniciativas como essas demandam uma abordagem completa que leve em conta a realidade do racismo institucional e estrutural enfrentado, contudo para sua eficácia é fundamental o acesso aos recursos e serviços necessários para uma reintegração

Acesso aos serviços integrados de saúde

A interseccionalidade tem uma influência significativa na disponibilidade de serviços de saúde para as mulheres negras no sistema prisional, levando em consideração questões específicas relacionadas à saúde reprodutiva, mental e física[(12)]. Abaixo estão alguns exemplos de como isso se manifesta:

1) *Saúde sexual e reprodutiva:* Mulheres negras dentro do sistema prisional frequentemente encaram obstáculos para obter cuidados de saúde reprodutiva adequados. Isso pode envolver a dificuldade de conseguir métodos contraceptivos, absorventes, consultas ginecológicas periódicas e acompanhamento pré-natal durante a gestação. Ademais, questões como esterilização coercitiva, falta de assistência no momento do parto e a separação de seus filhos após o nascimento são preocupações extras.

2) *Saúde mental:* Muitas mulheres negras que estão presas enfrentam uma grande ocorrência de questões de saúde mental, tais como depressão, ansiedade, transtorno de estresse pós-traumático (TEPT) e trauma ligado à violência.

---

(10) Ester Rufino, Conselheira Consultiva do IBCCRIM (Gestão 2022/2024) e fundadora do coletivo Manas Pretas Egressas.

(11) Caroline Bispo, fundadora do coletivo Elas Existem.

(12) ALMEIDA, P. R. C., SOARES, R. S. C., COURA, A. S., CAVALCANTI, A. L., DUTRA, M. O. M., LIMA, T. M. A. "Condição de saúde de mulheres privadas de liberdade: uma revisão integrativa". *Revista Brasileira de Ciências da Saúde*, v. 19, n. 1, p. 73-80, 2015. ISSN 1415-2177. Disponível: http://dx.doi.org/10.4034/RBCS.2015.19.01.12. Acesso em: 5 abr. 2024.

Infelizmente, a assistência em saúde mental no ambiente prisional costuma ser insuficiente, deixando de abordar as necessidades particulares dessas mulheres devido à escassez de recursos e à ausência de profissionais capacitados culturalmente.

3) *Bem-estar global:* Mulheres negras no sistema prisional podem encontrar obstáculos para obter cuidados de saúde em geral, como tratamentos para doenças crônicas como diabetes, pressão alta e HIV/AIDS. Dificuldades como a falta de acesso a medicamentos, cuidados preventivos e tratamentos adequados podem resultar em problemas de saúde mais graves para essas mulheres encarceradas.

4) *Preconceito e exclusão:* A junção de raça e gênero pode levar a problemas adicionais e exclusão no momento de buscar assistência médica no sistema penal desse grupo. Isso engloba possíveis disparidades de tratamento por parte dos profissionais de saúde, desconfiança em relação às instituições de saúde devido a episódios anteriores de preconceito e dificuldade de acesso a informações e educação sobre saúde que estejam de acordo com sua cultura.

Para tratar dessas questões, é essencial que os sistemas de saúde dentro do contexto prisional reconheçam e lidem com a interseccionalidade de raça e gênero ao oferecer cuidados de saúde às detentas. Isso envolve assegurar a igualdade de acesso aos serviços de saúde reprodutiva, mental e geral, promovendo capacitação culturalmente sensível para os profissionais de saúde, aumentando a conscientização sobre questões de saúde específicas das mulheres negras e trabalhando para combater o estigma e a discriminação no sistema de saúde prisional.

7. Criminalização e da escassez social

A interação entre raça e gênero é fundamental na associação da pobreza às mulheres negras, favorecendo a sua recorrência no sistema de justiça criminal. Abaixo estão algumas formas pelas quais isso se manifesta:

1) *Desigualdade financeira:* As mulheres negras enfrentam diferenças financeiras significativas devido a diversos motivos, como diferenças salariais com base no gênero e raça, acesso restrito a oportunidades de trabalho de qualidade, discriminação no ambiente profissional e concentração em áreas de baixa remuneração. Essas diferenças financeiras aumentam as chances de as mulheres negras viverem em situações de pobreza ou vulnerabilidade econômica, o que pode levá-las a adotar atividades ilegais para conseguir

sobreviver. Além das disparidades econômicas, as mulheres negras também encaram exclusão social devido ao racismo sistêmico, sexismo e reputação negativa na comunidade. Essa exclusão pode acarretar em restrições no acesso a recursos no âmbito educacional e dificuldades no acesso a serviços de saúde e sociais.

2) *Vínculo entre miséria e criminalização:* A soma desses elementos financeiros e sociais gera um ciclo de miséria e criminalização. As mulheres negras que se veem em situações financeiras difíceis podem acabar recorrendo a práticas criminosas, como roubo, tráfico de substâncias ilícitas ou prostituição, como uma maneira de se manter. No entanto, ao entrarem no sistema penal, essas mulheres são confrontadas com estereótipos, preconceito e obstáculos para conquistar oportunidades de emprego e moradia estável, o que pode tornar ainda mais complicado o seu caminho para escapar da miséria e evitar futuros crimes.

3) *Sanção excessiva:* Adicionalmente, conforme já abordado, as mulheres negras frequentemente sofrem consequências mais rigorosas e desproporcionais no âmbito do sistema de justiça penal, em razão de questões raciais e de gênero por parte das instâncias judiciais. Isso pode resultar em penalidades mais severas, sentenças obrigatórias com maior frequência e menos oportunidades de liberdade condicional ou vigilância, ampliando assim sua exposição à criminalização da pobreza.

8. Conclusão

Ao utilizar uma perspectiva interseccional para analisar as vivências das mulheres negras no sistema de justiça criminal, é crucial considerar as interações complexas entre raça, gênero e demais elementos de sua identidade. Dessa forma, conseguimos não só identificar as discrepâncias sistêmicas enfrentadas por essas mulheres, mas também compreender as raízes subjacentes dessas desigualdades.

Analisando tais elementos, é possível desenvolver estratégias mais efetivas para combater as desigualdades sistêmicas e promover a igualdade no sistema judiciário. Isso implica não só lidar com os resultados diretos da interação dessas mulheres com o sistema jurídico, mas também enfrentar as causas fundamentais da injustiça, como o racismo sistêmico, o machismo e a exclusão social.

Valorizando e reconhecendo as diferentes vivências e visões das mulheres negras no sistema carcerário, é possível desenvolver medidas e diretrizes mais abrangentes e empáticas às suas demandas. Isso não só favorece as mulheres negras de maneira individual, mas também colabora para a construção de um sistema penal mais justo, igualitário e humanizado para todos os cidadãos.

Dessa maneira, ao adotarmos um olhar multissetorial com ênfase no gênero e raça, estamos avançando na construção de um sistema de justiça criminal que valoriza inteiramente a dignidade e os direitos das mulheres negras, buscando eliminar as disparidades sistêmicas que ainda prejudicam suas vidas e comunidades.

Referências

ALMEIDA, P. R. C.; SOARES, R. S. C.; COURA, A. S.; CAVALCANTI, A. L.; DUTRA, M. O. M.; LIMA, T. M. A. "Condição de saúde de mulheres privadas de liberdade: uma revisão integrativa". *Revista Brasileira de Ciências da Saúde*, v. 19, n. 1, p. 73-80, }2015. ISSN 1415-2177. Disponível: http://dx.doi.org/10.4034/RBCS.2015.19.01.12. Acesso em: 5 abr. 2024.

ALVES, Enedina Amparo. "Rés negras, juízes brancos: Uma análise da interseccionalidade de gênero, raça e classe na produção da punição em uma prisão paulistana". Dissertação. Pontifícia Universidade Católica de São Paulo, 2015. *REPOSITÓRIO PUCSP:* Rés negras, judiciário branco: uma análise da interseccionalidade de gênero, raça e classe na produção da punição em uma prisão paulistana. Disponível em: https://repositorio.pucsp.br/jspui/handle/handle/3640. Acesso em: 28 abr. 2024.

CNJ — Conselho Nacional de Justiça. *Recomendação n. 128, de 15 de fevereiro de 2022.* Recomenda a adoção do Protocolo para Julgamento com Perspectiva de Gênero, no âmbito do Poder Judiciário brasileiro. Disponível em: https://atos.cnj.jus.br/atos/detalhar/4377. Acesso em: 28 abr. 2024.

DATA_LABE. "Por Que Eu?", 2022. Disponível em: https://datalabe.org/relatorio-por-que-eu/. Acesso em: 25 abr. 2024.

FAIR, Helen; WALMSLEY, Roy. "Women and girls in penal institutions, including pre-trial detainees/remand prisoners". In: *World Female Imprisonment List.* 5. ed. Reino Unido: Institute for Crime & Justice Policy Research, 2022. Disponível em: https://www.prisonstudies.org/sites/default/files/resources/downloads/world_female_imprisonment_list_5th_edition.pdf. Acesso em: 5 abr. 2024.

FRANÇA, M. "Gênero e criminalidade: o protagonismo feminino às avessas?". *CSOnline – Revista Eletrônica de Ciências Sociais*, (32), 237–263, 2021. Disponível em: https://doi.org/10.34019/1981-2140.2020.30613. Acesso em: 26 abr. 2024.

G1 FANTÁSTICO. "Quanto mais eu me debatia, mais ele apertava a botina no meu pescoço', diz mulher vítima de violência policial em SP". 12 jul. 2020. Disponível em: https://g1.globo.com/fantastico/noticia/2020/07/12/quanto-mais-eu-me-debatia-mais-ele-apertava-a-botina-no-meu-pescoco-diz-mulher-vitima-de-violencia-policial-em-sp.ghtml?fbclid=IwAR1BlcFN4Ytfnag5k4b2X5WwXQAxNlmEjyR0lT9G4gTqtZpUSB36Tq4SmGI Acesso em: 28 abr. 2024.

G1 RIBEIRÃO E FRANCA. "Após morte, família acusa PMs de espancar mulher em Ribeirão Preto", 16 abr. 2016. Disponível: https://g1.globo.com/sp/ribeirao-preto-franca/noticia/2016/04/apos-morte-familia-acusa-pms-de-espancar-mulher-em-ribeirao-preto.html. Acesso em: 28 abr. 2024.

G1 RIO DE JANEIRO. "Arrastada por carro da PM do Rio foi morta por tiro, diz atestado de óbito", 18/3/2014. Disponível em: https://g1.globo.com/rio-de-janeiro/noticia/2014/03/arrastada-por-carro-da-pm-do-rio-foi-morta-por-tiro-diz-atestado.html. Acesso em: 28 abr. 2024.

PORTAL GELEDÉS. "Mulher morre após ação desastrada do Bope na Cidade de Deus", 10/10/2017. Disponível: https://www.geledes.org.br/mulher-morre-apos-acao-desastrada-do-bope-na-cidade-de-deus. Acesso em: 28 abr. 2024.

SECRETARIA NACIONAL DE POLÍTICAS PENAIS. "Relatório de Informações Penais, 2023 – RELIPEN". Disponível em: https://www.gov.br/senappen/pt-br/assuntos/noticias/senappen-lanca-levantamento-de-informacoes-penitenciarias-referentes-ao-primeiro-semestre-de-2023/relipen. Acesso em: 28 abr. 2024.

SILVA, Naiara Cristina. "Mulheres negras em situação de prisão: gênero, raça e sistema prisional". *16º Encontro Nacional Abrapso*, 2011. Campus UFPE. Recife. Disponível: https://www.encontro2011.abrapso.org.br/trabalho/view?q=YToyOntzOjY6InBhcmFtcyI7czozNjoiYToxOntzOjExOiJJRF9UUkFCQUxITyI7czo0OiIxOTc1Ijt9IjtzOjE6ImgiO3M6MzI6ImVhNGJlZTk5ZDFmNDQzN2Q5ZGY3YWJkMzZhYTcxMjA0Ijt9. Acesso em: 28 abr. 2024.

Direito econômico e a economia criativa: Interseção, desafios e fomento para transformação social

Jéssica Maria Mariano Cardoso

Nota de agradecimento: Agradeço a Deus por Sua infinita misericórdia, à Clélia Mariano, minha mãe, por ser meu maior e melhor exemplo de garra e dignidade, ao Robert, meu incentivador, marido e melhor amigo, às colegas com quem divido esta obra, pela parceria e luta incessante, e aos meus Ancestrais, por não terem sucumbido e pelo legado de força e resistência.

1. Introdução

Não há como discorrer sobre Direito, Economia e Economia Criativa sem passar pela interseccionalidade que há entre esses temas.

Direito é o conjunto de normas e princípios que regram a convivência entre os indivíduos que, no aspecto econômico e capitalista, visam à proteção de seu patrimônio e sua liberdade. O Direito regulamenta a relação entre os sujeitos, o que é fundamental para o estabelecimento das relações sociais e mercantis.

Em seu aspecto estatal, o Direito impõe normas que regem o bem-estar público e social; enquanto que, em seu aspecto não estatal, regula as normas privadas que regram as especificidades entre os entes privados. A Economia é pressuposto da teoria do Direito.

Dessa forma, temos as denominadas normas cogentes que são imperativas, em que o interesse público prevalece sobre o privado. Já as normas dispositivas são limitadas, estabelecidas entre particulares, e podem ser modificadas conforme o interesse das partes.

A Economia, por sua vez, é o conjunto de atividades humanas que versam sobre a produção de bens, prestação de serviços, circulação e consumo, ou seja, visa à produção, necessidade de consumo e à escassez em razão da finitude dos bens. Pela Economia também se percebem as relações entre os sujeitos de direito, relações de trabalho e o direito fundamental à liberdade. Conforme Fábio Nusdeo (2023):

> Economia e Direito são assim indissociáveis, pois as relações básicas estabelecidas pela sociedade para o emprego de recursos escassos são de caráter institucional, vale dizer, jurídico. Por outro lado, as necessidades econômicas influenciam a organização institucional e a feitura das leis.(1)

Sob esse diapasão, viver pressupõe interações sociais. A condição humana de existência é um constante relacionar com outras pessoas e, para que essa vivência seja digna, com direitos e deveres equilibrados e pleno exercício da liberdade, as relações sociais são regradas pelas normas jurídicas. Para Paulo Hamilton Siqueira Jr. (2009) "as relações jurídicas são as relações sociais a que o sistema jurídico dá real ou singular importância, na medida em que as qualifica com o intuito de protegê-las e prever-lhes consequências".(2)

A relação jurídica depreende elementos como sujeito, vínculo, objeto e fato. Esse é um dos motivos de que não há como se falar em Economia, Economia Criativa, sem falar do Direito. Nesse âmbito, há o envolvimento estatal e não estatal. A Economia Criativa depende de *inputs* estatais para o seu fomento e, em contrapartida, permite ao cidadão experienciar viver também como produtor gerador de riqueza e não apenas como trabalhador que retornará ao ciclo como consumidor.

Portanto, todo o regramento perpassa pelo Direito que, com o intuito de assegurar a harmonia entre os interesses públicos e privados, individuais e coletivos, trará as regras gerais para o pleno funcionamento da Economia.

1. Ordem constitucional econômica

Após 20 meses de acalorados debates e participação da sociedade, representada por parlamentares e reivindicações de organizações da sociedade civil, foi

(1) NUSDEO, Fábio. *Curso de Economia:* Introdução ao Direito Econômico. 12. ed., rev., atual. e ampl. São Paulo: Thomson Reuters Brasil, 2023. p. 35.

(2) SIQUEIRA JR., Paulo Hamilton. *Teoria do Direito*. São Paulo: Saraiva, 2009. p.162.

promulgada a Constituição Federal em 5 de outubro de 1988. A 6ª Constituição Federal, também denominada Constituição Cidadã, foi criada após o ciclo de mais de duas décadas de ditadura. Portanto, foram consagrados nessa Constituição direitos considerados fundamentais e pétreos, a fim de garantir a vivência digna de qualquer cidadão brasileiro.

O estudo histórico aprofundado do entorno da elaboração da Constituição é importante para o entendimento de todos os seus capítulos. São ditados caminhos gerais para o equilíbrio e desenvolvimento nacional, que prima pela liberdade econômica, sem perder o foco da dignidade humana.

E, é sob esse aspecto que permearão as relações do Estado atinentes à Economia. O Estado intervém na Economia através da exploração da atividade econômica, prestação de serviços públicos diretos ou como normatizador. Sendo o responsável, fundamentalmente, pelos serviços públicos essenciais.

A Constituição Federal engloba, em seu título VII "Da Ordem Econômica e Financeira", quatro capítulos que abrangem: princípios, propriedade, políticas urbana e agrária e o sistema financeiro. Traz em seu bojo, como fundamento, valores essenciais ao capitalismo como a propriedade privada e livre-iniciativa. Contudo, também vincula em seu *caput* a sujeição à justiça social, além de elencá-la como fundamento. Sendo reconhecida, portanto, por adotar um sistema capitalista com o regime econômico híbrido. A função social atribuída no mesmo artigo que aborda a ordem econômica limita a regulação exclusiva pelo livre mercado.

> Assim sendo, tem-se que a Constituição de 1988, por um lado, sugere que o Brasil é um país absolutamente voltado à economia capitalista porque são princípios gerais da economia a propriedade privada e a livre iniciativa, por outro lado, são encontrados na mesma constituição alguns princípios sociais inafastáveis, tais como a função social da propriedade e a autorização constitucional ao Estado para reduzir as desigualdades regionais e sociais.(3)

Dispostos no art. 170, CF/1988, são fundamentos da ordem econômica a soberania nacional, a propriedade privada, a função social da propriedade, a princípio da livre concorrência, a defesa do consumidor, a defesa do meio ambiente, a redução das desigualdades regionais e sociais, a busca de pleno emprego e tratamento favorecido para as empresas de pequeno porte. Em suma, produção de riqueza, livre disposição da propriedade, valorização do trabalho e atenção às necessidades básicas.

---

(3) CARVALHO, Gabriela de. *O Direito Constitucional Econômico e as constituições econômicas brasileiras*. Belo Horizonte: Fórum, 2019. p. 14.

A ordem econômica prevista na Constituição Federal é o conjunto de normas que organiza a estrutura econômica do Estado. Regula as relações a fim de resolver conflitos, abusos e equilibrar as relações de trabalho.

O objetivo do legislador foi estabelecer um equilíbrio, em que garante a autorregulação entre os indivíduos sociais, o exercício livre da iniciativa e o gozo da propriedade, sem afastar a utilização ética da força trabalhadora e preservação dos direitos sociais fundamentais. Portanto, reside aqui um conflito. O livre exercício do poder econômico e autonomia da vontade, em dado momento, se opõe à imposição estatal da função social. A propriedade, por exemplo, é um direito social fundamental e um direito econômico de forma intrínseca.

De acordo com a *lex mercatória* e *laisse faire*, a ordem jurídica não deve interferir nas regras naturais da Economia. No entanto, o direito à livre-iniciativa, propriedade, autonomia da vontade previstos na Constituição não são absolutos, possuem limites sociais, mas devem ser assegurados pelo Estado, como poder político.

Isto posto, é nas relações sociais e no exercício da liberdade que o direito se concretiza. É pela ordem econômica posta no Brasil que o mercado se regulará, observando o exercício puro da economia liberal em dicotomia com a atenção aos preceitos sociais fundamentais. O cuidado na intervenção estatal é assegurar o bem-estar e realizar ações de fomento, viabilizando a livre-iniciativa, conforme preceitua a ordem econômica constitucional.

2. Direito Econômico

O decorrer do tempo evidenciou o direito abstrato se tornando concreto conforme os fatos econômicos, como a Revolução Industrial e, mais recentemente, com as inovações tecnológicas e mercado de criptoativos.

Portanto, o Direito Econômico é o ramo do Direito que versa sobre a intervenção do Estado na regulação da Economia. É analisado sob a ótica jurídica, econômica e política, pois sua concretude se dá por meio das relações sociais individuais, coletivas e o livre mercado. Nusdeo (2023) aduz que "o Direito Econômico não prescindirá da contribuição da Política e da Economia e, mais especificamente, da confluência das duas ao formarem a política econômica. Esta dará o fio condutor ao processo de integração e de interação teleológica de normas diversas".[(4)]

Importante ressaltar que o Direito Econômico não se confunde com a Análise Econômica do Direito (AED). A AED é um método pragmático e realista,

(4) NUSDEO, Fábio. *Curso de Economia:* introdução ao Direito Econômico. 12. ed., rev., atual. e ampl. São Paulo: Thomson Reuters Brasil, 2023. p. 342.

ou seja, tem base científica, é mensurável, se pauta nos fatos e não no conceito jurídico; não tem o condão de estabelecer normas reguladoras.

> Nesse sentido, a ciência econômica, antes associada apenas àquela parte da atividade humana que chamamos normalmente de economia, hoje investiga um amplo espectro de atividades humanas, muitas das quais também são estudadas por outras ciências sociais como a ciência política, a sociologia, a antropologia, a psicologia e, como não poderia de ser, o direito. É essa interação entre o direito e economia que se convencionou chamar de Análise Econômica do Direito.(5)

O Direito Econômico acompanha a evolução do fenômeno econômico e autorregulamentação, mas se atenta à função social constitucionalmente prevista. Sua função precípua é disciplinar as relações sociais de produção, trabalho, distribuição e consumo.

Quando se trata de impacto econômico, social e fomento, que infere a participação mais ostensiva do Estado, é possível visualizar nesse ramo do direito ações dos mais diversos segmentos jurídicos. Por exemplo, o investimento disponível para cada setor depende de dotação orçamentária, que é instituída e distribuída nos preceitos do Direito Administrativo. Quando o Estado faz a administração direta, a arrecadação se dá por meio de tributos. Por outro lado, o fomento à cultura por meio de subvenções ou concessão de benefícios fiscais perpassa pelo Direito Tributário e novamente Direito Administrativo.

O Direito Econômico inexoravelmente se transfaz para acompanhar as modificações das relações sociais. E, no Direito brasileiro, a carência de um código de Direito Econômico é suprida por leis e normas esparsas que regulam a liberdade econômica, como a Lei n. 12.529/2011, que versa sobre o Sistema Brasileiro de Defesa da Concorrência, a Lei n. 4.595/1964, que trata do Sistema Financeiro Nacional, e a Lei n. 13.874/2019 sobre os direitos da liberdade econômica e garantias de livre mercado.

Tais regulações essencialmente não visam a uma intervenção estatal na liberdade econômica, sob o risco de serem inconstitucionais. O propósito é estabilizar as relações e impactos sociais, de forma assertiva e que prenunciam impactos nocivos ao bem-estar coletivo. O dever de assegurar a existência digna dos indivíduos é intrínseco ao Estado.

---

(5) CATEB, A. B. *et al. Direito e Economia no Brasil:* estudos sobre a análise econômica do Direito. 4. ed. Indaiatuba: Foco, 2021. *E-book*. Disponível em: https://plataforma.bvirtual.com.br. Acesso em: 6 maio 2024.

Para Roque (2012):

> Sem os princípios e normas do Direito Econômico o Estado não teria o poder de atingir seu objetivo, e, por outro lado, poderia exorbitar-se e desviar-se de sua missão. Por isso, a disciplina imposta pelo Direito Econômico visa a limitar e controlar sua ação e sua autoridade, a fim de evitar o arbítrio.(6)

Em suma, o Direito Econômico é a positivação das atribuições estatais em relação à economia. É a evidenciação da relação entre as Ciências Sociais do Direito e da Economia, à medida que acompanham as transformações e necessidades sociais.

3. Economia

Para se falar em economia criativa, é importante entender os aspectos basilares da economia. A economia é uma ciência social que estuda a forma de organização da sociedade quanto às necessidades humanas e recursos limitados disponíveis. Estuda o ciclo de produção, distribuição, trabalho e consumo, é identificada, geralmente, no ambiente do livre mercado. O entendimento da economia e de seus ciclos é fundamental para que se possa discutir o que é essencial para o desenvolvimento de uma sociedade.

A definição clássica de economia foi elaborada pelo pensador britânico Lionel Robbins, *apud* CATEB, A. B. *et al* (2021) "economia é a ciência que estuda as formas de comportamento humano resultantes da relação existente entre as ilimitadas necessidades a satisfazer e os recursos que, embora escassos, se prestam a usos alternativos".(7)

A discussão sobre economia é importante para entender como as relações sociais ocorrem e o que é importante para a sociedade, seja pelo mercado ou pelos direitos humanos. E é nesse ponto que o direito se concretiza, ao harmonizar interesses diferentes e por vezes antagônicos.

Para a compreensão do objeto deste artigo é importante o entendimento das definições de Produto Nacional Bruto (PNB) e Produto Interno Bruto (PIB).

---

(6) ROQUE, Sebastião José. *Direito Econômico*. São Paulo: Ícone, 2012. *E-book*. Disponível em: https://plataforma.bvirtual.com.br. Acesso em: 6 maio 2024, p. 21.

(7) CATEB, A. B. *et al. Direito e Economia no Brasil:* estudos sobre a análise econômica do Direito. 4. ed. Indaiatuba: Foco, 2021. *E-book*. Disponível em: https://plataforma.bvirtual.com.br. Acesso em: 6 maio 2024.

Produto Nacional Bruto equivale à renda nacional, ou seja, produção gerada pelas empresas nacionais, ainda que fora do mercado brasileiro. O Produto Interno Bruto é tudo que é produzido no mercado nacional, envolvendo, inclusive, a produção de empresas internacionais. O PIB é referência para medição da renda *per capita*.

O índice do PIB é um forte norteador de uma atividade e seu desempenho em uma economia globalizada. Isso porque é indicado como uma nação está se desenvolvendo. E, sob esse aspecto, de acordo com o Observatório Itaú Cultural, a economia criativa representa 3,11% do PIB do país. Ainda de acordo com a FIRJAN, em 2020 o PIB Criativo totalizou R$ 217,4 bilhões.

Outro entendimento importante para a reflexão sobre a economia criativa é o impacto que a implementação de políticas públicas provoca no mercado financeiro. De forma simplificada, o liberalismo econômico prima pela ausência de intervenção do Estado e políticas públicas, subvenções e outros meios estatais utilizados para assegurar o equilíbrio entre as partes, significa maior gasto público, portanto alteração nas percepções de risco. A reação negativa do mercado, embora muitas vezes especulativa, provoca instabilidade, alteração cambial e até o afastamento de investidores estrangeiros. Portanto, estabelecer o equilíbrio entre o bem-estar social e a livre-iniciativa é uma atividade complexa, mas fundamental para que o crescimento esteja acompanhado da dignidade humana.

4. Economia criativa

Economia criativa é o segmento da economia cujo produto ou serviço é desenvolvido com base no conhecimento, criatividade, tecnologia e inovação. A abordagem sobre esse tema teve início nos anos 2000 e o conceito foi criado pelo professor e pesquisador inglês John Howkins, em sua obra *The Creative Economy: How people make money from ideas* que diz sobre como gerar renda através do emprego da criatividade e inovação.

> Segundo o relatório, a Economia Criativa é um conceito em evolução baseado em ativos criativos que potencialmente geram crescimento e desenvolvimento econômico. Pode estimular a geração de renda, criação de empregos e a exportação de ganhos, ao mesmo tempo em que promove a inclusão social, diversidade cultural e desenvolvimento humano. Além disso, abarca aspectos econômicos, culturais e sociais que interagem com objetivos de tecnologia, propriedade intelectual e turismo.[8]

(8) Negócios São Paulo. *Economia Criativa*. Disponível em: https://www. negocios.prefeitura.sp.gov.br. Acesso em: 22 abril 2024.

Embora comumente conhecida pelas atividades essencialmente culturais e artesanais, por meio das micro e pequenas empresas, seu conceito é amplo e contempla as atividades relacionadas ao exercício da criatividade nos mais diversos setores como: novas tecnologias, moda, artesanato, arquitetura, música, gastronomia, jogos digitais e culturais. Na economia criativa se pensa em como fazer diferente daquilo que a sociedade faz habitualmente, traz novas ideias, rompe padrões. Residem na economia criativa novas soluções, que satisfarão as demandas da sociedade moderna frente à limitabilidade dos recursos.

> Hoje, essa força motriz de crescimento econômico está sendo sustentada pela procura de novos atores sociais (consumidores conscientes, organizações não governamentais — ONGs —, governos conscientizados, novas mídias alternativas, imprensa de nova ordem, organismos e fóruns internacionais, entre outras) agindo em redes interconectadas que perseguem, em longo prazo, uma mudança social, podendo destruir empresas bem estabelecidas e contribuindo para criar outras que satisfaçam as novas expectativas globais-locais, sociais, humanas e tecnológicas. Assim, reduzem, aos poucos, o monopólio do poder das grandes marcas.[9]

O conceito de economia criativa cresceu e é forte em países como Estados Unidos, Reino Unido e China. No Brasil, embora os dados evidenciem o crescimento e relevância da Economia Criativa para o PIB, há o desafio do envolvimento perene do Estado, por meio da efetividade de políticas públicas.

A Economia Criativa já possui uma representatividade do PIB maior do que setores tradicionais, como o automotivo que totalizou 2,5% do PIB contra 3% do setor criativo, conforme pesquisas e evidências empíricas da *Revista Observatório 34* do Itaú Cultural.[10]

E sob esse signo é importante ressaltar que a obrigação do investimento é do poder público. Ao estruturar uma educação disruptiva, que propicie conhecimento tecnológico, financeiro, estratégico e propósito aliado à criatividade. O Estado deve viabilizar condições para que a inovação floresça e, certamente, uma das

(9) ORTIZ, Felipe Chibás. *Criatividade, inovação e empreendedorismo: startups* e empresas digitais na Economia Criativa. São Paulo: Phorte, 2021. *E-book*. Disponível em: https://plataforma.bvirtual.com.br. Acesso em: 7 maio 2024, p. 14.

(10) ITAÚ CULTURAL. *Revista Observatório 34*: PIB da Economia da Cultura e das Indústrias criativas: abordagens teóricas e evidências empíricas. Organização Itaú Cultural. São Paulo: Itaú Cultural, 2023. il.; PDF.

consequências será o investimento privado. Não por imposição estatal, mas pela autorregulamentação da Economia. Proporcionar formas para que as iniciativas inovadoras sejam rentáveis e longínquas deve ser um dos objetivos do Estado. A rentabilidade retornará em forma de tributos, que novamente serão aplicados nas funções estatais e políticas públicas.

Um aspecto que requer uma análise mais detalhada dos dados é o fato de que, embora o crescimento desse ramo seja evidente, a desigualdade salarial também é. De acordo com o estudo da FIRJAN, divulgado em julho de 2022, observa-se que a renda dos profissionais é concentrada. Dessa forma, a média salarial em 2020 foi de R$ 5.814, portanto, 98,8% maior que o rendimento médio do trabalhador brasileiro no mesmo período, que foi de R$ 2.924. Todavia, a distribuição entre os profissionais é díspare.

> A renda em ocupações criativas usualmente se apresenta concentrada e desigual, com a maior parte da renda sendo auferida pela menor parte dos profissionais, enquanto a maioria dos trabalhadores fica com uma menor parcela da renda: segundo dados mais recentes, 10% dos profissionais recebem 13,6% da renda, enquanto os 80% com os menores rendimentos correspondem a cerca de 57,5% da renda.[11]

Esse fato corrobora a necessidade de investimento estatal de base, por meio da educação, para que seja estabelecida a igualdade de oportunidades aos diferentes indivíduos da indústria criativa. Sob esse aspecto, o Estado deve ter ações que primam pela equidade, caso contrário na Economia Criativa também estarão perpetuadas as desigualdades. De acordo com o estudo sobre Economia Criativa da British Council (2010) a dificuldade de captação de financiamento é um limitador de crescimento:

> Uma das características que faz a diferença entre muitas empresas criativas é que necessitam relativamente de pouco capital para começar. Muitos empreendedores autofinanciam os seus primeiros projetos. Em certo sentido, a criatividade é o seu capital, mas se forem bem sucedidos com seu primeiro empreendimento e procurarem crescer, eles necessitarão financiamento e é neste momento que podem surgir dificuldades. Pode ser que possuam poucos ativos com os quais

(11) *Mapeamento da Indústria Criativa no Brasil.* FIRJAN — Federação das Indústrias do Estado do Rio de Janeiro. v.: graf. color. – (Estudos e pesquisas. Ambiente Socioeconômico), p. 73.

> possam garantir um empréstimo e é possível que não desejem comprometer a sua visão criativa convidando financiadores a comprarem parte do negócio. A busca pelo financiamento é e sempre foi um problema para muitas empresas criativas, tanto para as grandes como para as pequenas.

Essa situação permanece cerceadora de desenvolvimento em 2024, mesmo com o crescimento de fintechs, políticas de ESG privadas e flexibilidade de bancos de fomento estatal. De acordo com Vitorino (*Valor Econômico*, 2024) "o país precisa também de produtos e serviços financeiros que atendam pequenos e médios negócios. Cerca de 30% do PIB brasileiro vem dessas empresas, mas só 7% do mercado de crédito é destinado a elas. Tamanha disparidade torna evidente que as ferramentas atuais de análise de risco não contemplam a realidade dos *players* menores".

Esse índice piora quando há o recorte racial e social, de acordo com o estudo do empreendedorismo negro (*Folha de S.Paulo*, 2020), "apesar de movimentarem R$ 1,7 trilhão por ano, 32% dos empreendedores pretos e pardos tiveram um ou mais pedidos de crédito negados por seus bancos, sem que fossem esclarecidas as razões".

É preciso estudo, fomento e atenção às complexidades da estrutura social brasileira, para que a Economia Criativa seja, de fato, um ramo que permeie o desenvolvimento, a livre-iniciativa e o bem-estar social constitucionalmente previstos.

5. Pós-pandemia

As perspectivas para a Economia nacional em 2020 eram positivas, especialmente para a Economia Criativa. Na 74ª Assembleia Geral das Nações Unidas (ONU), realizada em 2019, foi declarado 2021 como o ano internacional da economia criativa. Contudo, com a declaração de pandemia pela Organização Mundial da Saúde, houve a incerteza em todos os segmentos da Economia.

A pandemia SARS-CoV-2 impactou diversos setores, e as atividades da Economia Criativa, sobretudo aquelas associadas ao setor cultural, passaram por um longo período de estagnação. Com o decreto do *lockdown*, as atividades culturais foram paralisadas. Setores como audiovisual, teatro, produção de show, eventos e toda a estrutura que suporta esses segmentos foram afetadas. De acordo com a pesquisa realizada pela FGV, 88,6%[(12)] dos respondentes indicaram queda no faturamento. O governo federal promulgou normas com impacto na redução e isenção de tributos, concessão de subsídios e fomento ao segmento cultural, que estão vigentes até os dias atuais. Como uma fatia considerável do setor é voltada para o empreendedorismo e produções culturais, houve o aprofundamento das desigualdades sociais.

Todavia, durante a pandemia, houve setores da Economia baseada em conhecimento criativo que emergiram como um celeiro de ideias. O segmento de tecnologia, *software* e jogos digitais experienciou o crescimento.

> Evidentemente, isso não significa dizer que a Indústria Criativa não sofreu os impactos negativos da pandemia de Covid-19, ou que esses impactos se distribuíram de forma homogênea dentre as áreas criativas. Muito pelo contrário, o PIB criativo estimado para o ano de 2020 também apresentou queda, com contração de -0,8% em relação ao ano de 2019. Essa queda, no entanto, foi menor que aquela observada para o PIB brasileiro, que registrou contração de –3,6% em 2020.[(13)]

Com a pandemia os comportamentos mudaram e, no setor cultural, as exibições em salas de cinema sofreram um impacto permanente. Será necessário utilizar a criatividade inerente ao setor para avaliar novas formas de acesso e de estímulo aos espectadores. No entanto, de forma global, a Economia Criativa retomou o crescimento e segue como uma opção de desenvolvimento sustentável.

Os efeitos da pandemia, embora de magnitude extrema e impactante para diversos segmentos, ratificou a necessidade de uma estruturação de base para que os agentes econômicos desse ramo tivessem estrutura não apenas para resistir, mas para serem sólidos e perenes. A Economia Criativa se apresenta como um catalisador de inovações que proporciona transformação social e possui capacidade reacional diante da escassez.

6. Futuro

Existem diversos desafios para que o crescimento do setor seja perene e menos entregue às sazonalidades, vontade política, subvenções e programas de redução de tributos. É necessário um olhar aprofundado sobre o tema, com base em

(12) *Impactos da Crise do COVID-19 no setor de Economia Criativa*. Faturamento e funcionamento. FGV--Fundação Getúlio Vargas, 2020.

(13) *Mapeamento da Indústria Criativa no Brasil*. FIRJAN — Federação das Indústrias do Estado do Rio de Janeiro. v.: graf. color. – (Estudos e pesquisas. Ambiente Socioeconômico), p. 14.

dados, análise comparativa, estatísticas e testes, para que se proponham soluções que não sejam paliativas ou eleitoreiras.

É fundamental romper com a dependência de subsídios pontuais que visam à contenção da consequência. O fomento deve provocar uma mudança estrutural, que somente ocorrerá com o investimento em educação tecnológica e financeira. Há também de ser repensado o excesso de burocracia que impacta o setor, como o registro de propriedade intelectual.

Um setor que inova, emprega e tem representação significativa no PIB, não pode ser tratado com diletantismo. O Estado deve propiciar, através de políticas públicas, um ambiente que estimule a inovação, formas diferentes e sustentáveis de produção, relações de emprego, fruição e consumo.

É preciso intencionalidade e objetividade estatal para que, além da criatividade inerente a essa economia, que os indivíduos e empresas sejam independentes e livres para suas escolhas. É preciso pensar novas formas para o desenvolvimento econômico, nesse sentido, é evidenciado pelo SENAC, *apud*, Unctad (2012) "chegou o momento de ir além da economia e procurar uma abordagem holística que leve em consideração as realidades específicas dos países, reconhecendo suas diferenças culturais, identidades e necessidades reais".

Nesse sentido, há outro desafio: a informalidade nos setores culturais da Economia Criativa. As relações de trabalho no setor cultural muitas vezes não condizem com o que preceitua o direito do trabalho, contratando como pessoa jurídica colaboradores que possuem subordinação, pessoalidade, habitualidade e onerosidade, componentes típicos de uma relação de emprego.

Mesmo diante dos desafios, a Economia Criativa é um segmento das relações futuras que versam sobre inovação, diversidade e equidade. O emprego de novas ideias, associado ao desenvolvimento social sustentável, a quebra de paradigmas e barreiras, são elementos essenciais em tempos de ESG.

Referências

CARVALHO, Gabriela de. *O Direito Constitucional Econômico e as constituições econômicas brasileiras*. Belo Horizonte: Fórum, 2019.

CATEB, A. B. *et al. Direito e Economia no Brasil:* estudos sobre a análise econômica do direito, 4. ed. Indaiatuba: Foco, 2021. E-book. Disponível em: https://plataforma.bvirtual.com.br. Acesso em: 6 maio 2024.

BRASIL. *Lei n. 4.595, de 31 de dezembro de 1964.* Dispõe sobre a Política e as Instituições Monetárias, Bancárias e Creditícias, Cria o Conselho Monetário Nacional e dá outras providências. Poder Executivo, Brasília, DF.

______. Constituição (1988). *Constituição da República Federativa do Brasil.* Promulgada em 5 de outubro de 1988.

______. *Lei n. 12.529, de 30 de novembro de 2011.* Estrutura o Sistema Brasileiro de Defesa da Concorrência; dispõe sobre a prevenção e repressão às infrações contra a ordem econômica. Poder Executivo, Brasília, DF.

______. *Lei n. 13.874, de 20 de setembro de 2019.* Institui a Declaração de Direitos de Liberdade Econômica; estabelece garantias de livre mercado. Poder Executivo, Brasília.

CÂMARA DOS DEPUTADOS DO BRASIL. *30 anos da Constituição.* Brasília, 2018. Disponível em: https:// https://www.camara.leg.br. Acesso em: 14 maio 2024.

Impactos da Crise do Covid-19 no setor de economia criativa. Faturamento e funcionamento. FGV-Fundação Getúlio Vargas, 2020.

ITAÚ CULTURAL. *Revista Observatório 34:* PIB da Economia da Cultura e das Indústrias criativas: abordagens teóricas e evidências empíricas. Organização Itaú Cultural. São Paulo: Itaú cultural, 2023. il.; PDF.

LOCONTE, Lucas. *Além dos saberes e fazeres:* o impacto social e econômico da indústria criativa. Disponível em: https://www.cienciaecultura.bvs.br. Acesso em: 23 abr. 2024.

Mapeamento da Indústria Criativa no Brasil. FIRJAN — Federação das Indústrias do Estado do Rio de Janeiro, 2022. v.: graf. color. – (Estudos e pesquisas. Ambiente Socioeconômico)

MARSHALL, T. H. *Cidadania e Classe Social.* Material complementar de Tom Bottomore. São Paulo: Editora Unesp, 2021.

MARTON, Marília. *O despertar criativo da cultura no Estado de São Paulo.* Governo do Estado de São Paulo, 2023. Disponível em: https://www.saopaulo.sp.gov.br. Acesso em: 22 abr. 2024.

Negócios São Paulo. *Economia Criativa.* Disponível em: https://www. negocios.prefeitura.sp.gov.br. Acesso em: 22 abr. 2024.

NEWBIGIN, John. *A Economia Criativa:* Um guia introdutório. Série Economia Criativa e Cultural/1. Londres: British Council, 2010.

NUSDEO, Fábio. *Curso de economia:* Introdução ao Direito Econômico. 12. ed., rev., atual. e ampl. São Paulo: Thomson Reuters Brasil, 2023.

ORTIZ, Felipe Chibás. *Criatividade, inovação e empreendedorismo: startups* e empresas digitais na Economia Criativa. São Paulo: Phorte, 2021. *E-book.* Disponível em: https://plataforma.bvirtual.com.br. Acesso em: 7 maio 2024.

PASTORE, José. "Como gerar mais emprego e renda na indústria criativa?". *Fecomércio*, 2023. Disponível em: https://www.fecomercio.com.br. Acesso em: 22 abr. 2024.

REIS, Giovana. "32% dos empreendedores negros já tiveram crédito negado sem explicação". *Folha de S. Paulo*, 2020. Disponível em https://www1.folha.uol.com.br. Acesso em: 14 maio 2024.

ROQUE, Sebastião José. *Direito Econômico.* São Paulo: Ícone, 2012. E-book. Disponível em: https://plataforma.bvirtual.com.br. Acesso em: 6 maio 2024.

SIQUEIRA JR., Paulo Hamilton. *Teoria do Direito.* São Paulo: Saraiva, 2009. p.162.

UNESCO. *Ano Internacional da Economia Criativa para o Desenvolvimento Sustentável*, 2021. Disponível em: https://www.unesco.org. Acesso em: 7 maio 2024.

VITORINO, Wellington. "Crédito Já! O Brasil precisa de políticas melhores, mais bem desenhadas, de fomento ao crédito das pequenas e médias empresas". *Valor Econômico*, 2024. Disponível em https://valor.globo.com/empresas/coluna/credito-ja.ghtml. Acesso em: 14 maio 2024.

Ética na era da inteligência artificial e os desafios das instituições públicas e do Direito

Mabel de Souza

Na tentativa de promover relações saudáveis e o adequado funcionamento das instituições sociais e públicas, a conduta ética dos profissionais do Direito é fundamental e deve ser enfatizada no contexto atual. Não apenas orientando, mas influenciando ativamente as ações humanas e suas consequências.

É importante reiterarmos a distinção entre ética e moral, uma vez que a ética vai além de meras diretrizes conceituais; ela é colocada em prática em todos os aspectos da existência, moldando as atitudes das pessoas em seus relacionamentos interpessoais, no local de trabalho, na esfera política, no comércio e em todos os âmbitos da convivência social.

Enquanto a moral é construída pela sociedade, sendo enraizada nos hábitos e tradições, e estabelece o que é permitido ou não, a ética se dedica à análise das ações morais, determinando o que é correto ou errado, delimitando o que deve ser excluído e o que deve ser mantido, visando a uma convivência harmoniosa entre os indivíduos de uma determinada sociedade.

A ética refere-se essencialmente ao comportamento individual, baseado em códigos morais ou comportamentos considerados universais. O termo ética, no campo da Filosofia, se dedica a compreender e analisar as ações humanas. Desse modo é possível afirmar que ética é uma espécie de "filosofia moral", pois além de ser uma prática reflexiva, deve guiar as ações diárias das pessoas. Em contrapartida a moral engloba costumes e hábitos que variam com o tempo, estando sujeita a alterações contínuas, além de consistir na compilação de princípios e valores morais que direcionam as ações dos servidores públicos durante o desempenho de suas responsabilidades.

A ética nas entidades públicas

A sociedade contemporânea, com seu emaranhado de valores e interesses divergentes, se encontra diante de grandes desafios éticos e morais na era da inteligência artificial. O tema da falta de ética nas instituições públicas tem sido bastante discutido, considerando o ambiente propício para a sua disseminação, uma vez que o comportamento de seus servidores e colaboradores, por vezes, manipulam decisões que contradizem os princípios fundamentais do bem-estar coletivo. Assim, a presença da ética nas instituições públicas é essencial para assegurar a confiança da sociedade em suas atividades e escolhas.

Ser ético, nesse contexto, envolve combater as fontes de desconforto social geradas por atos prejudiciais à comunidade. Agir de forma ética relaciona-se com a melhoria de processos, rotinas de trabalho, relacionamentos, prestação de serviços e ambiente organizacional, fundamentados em caráter, conhecimento e habilidades para liderar a si próprio e, assim, conseguir discernir e alinhar ações e decisões de acordo com as normas e princípios morais que promovem o benefício de todos.

A importância da ética nas entidades públicas

1. *Transparência e prestação de contas:* A ética desempenha um papel importante na promoção da transparência nas ações e decisões dos órgãos governamentais, permitindo aos cidadãos compreender como são conduzidas as deliberações, a discussão e utilização de recursos.

2. *Equidade e imparcialidade:* A ética contribui para assegurar que as instituições públicas atuem de maneira equitativa e imparcial, tratando todos os cidadãos de forma equânime, sem favorecimentos injustificados.

3. *Honestidade e confiança:* Funcionários éticos manifestam honestidade nas suas atuações, o que contribui para estabelecer uma relação de confiança entre governo e cidadãos.

4. *Eficiência e eficácia:* Práticas éticas promovem uma cultura de responsabilidade e comprometimento com o bem comum, contribuindo para a eficiência das instituições públicas.

5. *Legitimidade e estabilidade:* Quando as instituições públicas atuam com base em princípios éticos, elas são percebidas como legítimas pelos cidadãos, o que concorre para a estabilidade política e social.

> "Os governos precisam assumir a ética, não como seu compromisso, mas como seu dever, por isso todos os governos instalam comissões

de ética, porém na hora em que a comissão funciona ela começa a incomodar" (Cármen Lúcia Antunes Rocha — Ministra do STF: *XII Seminário Internacional Ética na Gestão*).

Um dos desafios que se revelam é a dificuldade da aplicabilidade das normas e processos éticos, pois envolve diversos aspectos e práticas que buscam garantir a integridade, transparência e responsabilidade na gestão dos recursos e no atendimento aos cidadãos. Veremos abaixo algumas maneiras de promover ética nas instituições, o rol não trata de promover uma análise abrangente, mas pinçar o que reputamos fundamental.

1. *Transparência e prestação de contas:* Disponibilizar informações de forma clara e acessível sobre ações, despesas e resultados das instituições públicas. Isso engloba documentos financeiros, planos de ação e resultados alcançados.

2. *Código de ética:* Desenvolver e incentivar a adoção de um código ético que estipule diretrizes de comportamento para os servidores, incluindo normas referentes a conflito de interesses, recebimento de presentes e posturas no exercício de suas funções.

3. *Treinamento e conscientização:* Promover regularmente treinamento e capacitações sobre ética e integridade para os funcionários públicos, enfatizando a importância do respeito aos princípios éticos e jurídicos no desempenho de suas atribuições.

4. *Canais de denúncia:* Estabelecer vias seguras e confidenciais para que os servidores e cidadãos possam relatar práticas antiéticas, corrupção ou irregularidades, assegurando a proteção dos denunciantes e a adequada apuração das denúncias.

5. *Monitoramento e supervisão:* Estabelecer métodos eficazes de supervisão interna e externa para garantir o respeito às regras éticas e legislativas, como auditorias independentes e fiscalização por entidades controladoras.

6. *Incentivo a ética na cultura organizacional:* Uma cultura organizacional que enalteça a ética, a honestidade e a responsabilidade, valorizando e recompensando comportamentos e repreendendo e punindo desvios de conduta.

7. *Ética nas contratações e licitações:* assegurar que as etapas de contratação e licitação ocorram de maneira transparente, concorrencial e honesta, prevenindo qualquer forma de favoritismo e garantindo a escolha das melhores propostas para o setor público.

8. *Estímulo à engajamento cívico:* Fomentar a participação efetiva da população na monitorização e no acompanhamento das ações das entidades governamentais, assegurando a transparência e a fiscalização social.

A ética como um dos pilares da advocacia

A ética jurídica constitui um campo da ética que enfoca as decisões morais e os princípios éticos pertinentes aos profissionais do Direito, tais como advogados, juízes, promotores, defensores públicos e demais envolvidos no sistema jurídico. Centra-se em questões éticas específicas que surgem na prática jurídica e como esses profissionais interagem com clientes, colegas, tribunais e a sociedade em geral.

A ética é importante para conduzir o trabalho do advogado, ou seja, explicando os princípios, atividades e objetivos sociais do trabalho. O Direito é um campo complexo porque envolve a interação entre o Direito, pessoas, famílias e histórias que são únicas e complexas, e identificar o caminho certo deve levar à ação certa.

Os princípios jurídicos incluem a aplicação de princípios éticos básicos, como honestidade, justiça, integridade, confidencialidade, respeito pelos direitos humanos e justiça em todas as profissões jurídicas. Isso inclui tudo, desde como os advogados representam os clientes até o que os juízes fazem no tribunal.

Alguns dos principais temas abordados pela ética jurídica incluem:

1. *Conflitos de interesse:* Como lidar com situações em que os interesses de diferentes clientes entram em conflito ou em que os interesses pessoais do advogado entram em conflito com os interesses do cliente.

2. *Confidencialidade:* É dever do advogado manter o sigilo das informações prestadas pelo cliente, exceto nos casos permitidos por lei.

3. *Competência profissional:* O trabalho do advogado é ser competente em sua área e prestar assessoria jurídica de qualidade aos clientes.

4. *Honestidade e retidão:* É dever do advogado agir com probidade e integridade em suas interações profissionais, na busca do mais assertivo e prudente para seu cliente.

5. *Independência e imparcialidade:* A necessidade de advogados e juízes agirem de forma independente e imparcial, sem influências externas indevidas.

6. *Responsabilidade social:* O papel do profissional do Direito é corroborar com a promoção da justiça social, na proteção dos direitos humanos e na garantia da igualdade de acesso à justiça para todos.

Os desafios dos profissionais do Direito e a ética

Os desafios enfrentados pelos profissionais do Direito não são necessariamente diferentes dos desafios de profissionais de outras categorias, mas a advocacia, como sinônimo de ética e confiabilidade, tem um papel fundamental à medida que o mundo se transforma. Novas tecnologias e transformações no mundo digital surgem com inovações significativas no campo jurídico, inteligência artificial e automação de processos necessitam que os profissionais do Direito desenvolvam novos jeitos, modos e habilidades tecnológicas, que mantenham e atinjam os desafios éticos de segurança da atualidade.

Confiabilidade

A evolução de qualquer processo exige entendimento e confiabilidade. No meio jurídico esses são requisitos indispensáveis para uma parceria de sucesso. Assim, os profissionais do Direito, devem garantir a segurança das informações confidenciais, e a prática de gerenciamento de proteção de dados, além de ser fundamental para a relação com o cliente, deve ser norteada pelas vigentes regulamentações e pela ética.

Transformações tecnológicas e proteção de dados

Acompanhar as transformações culturais e políticas exige da advocacia comprometimentos diversificados e desafiadores, demandando do profissional um poder quase transmutador de superação e adaptabilidade. A presença crescente dos profissionais do Direito nas mídias sociais e o volume de informações presentes na utilização de tecnologias pressupõem interrogações éticas complexas. A publicação de comunicações sensíveis, o conflito de interesses, a idoneidade e a manutenção do segredo devem ser questões com as quais a advocacia deve lidar de forma esmerada e criteriosa.

Responsabilidade social e gestão jurídica

Um escritório de advocacia interage diariamente com clientes, funcionários, uma comunidade e o meio ambiente. Dentro desse contexto, é fundamental que os escritórios assumam um papel proativo na promoção de práticas éticas e sustentáveis. No que se refere aos clientes, os escritórios têm o dever de priorizar a ética, atuando com transparência e sinceridade. Promover uma relação empática com seus funcionários, investindo de forma contínua na saúde mental, na qualidade de vida e no aperfeiçoamento profissional de seus colaboradores, identificando e coibindo práticas prejudiciais. Na interação com a comunidade, colegas e profissionais de outras áreas, as atividades realizadas pelos escritórios de advocacia devem ser baseadas no respeito ao próximo, na ética dos vínculos e na convivência harmoniosa.

Saúde mental e meio ambiente

A grande procura por serviços legais, as cobranças do dia a dia no ambiente de trabalho, prazos apertados, competição no universo corporativo e uma carga de trabalho intensa são fatores que resultam em estresse e evidenciam a fragilidade da saúde mental de muitos advogados e profissionais do ramo jurídico. De acordo com a American Bar Association, os profissionais do campo jurídico têm uma probabilidade maior de enfrentar problemas como depressão, ansiedade, dependência de álcool, estresse, esgotamento profissional e transtorno de pânico. A busca por um equilíbrio adequado entre trabalho e qualidade de vida é fundamental para uma vida saudável e o êxito na carreira.

Preservar o meio ambiente é uma responsabilidade que deve ser compartilhada por todos. É essencial reconsiderar formas de minimizar os danos causados ao meio ambiente, apoiar iniciativas voltadas para a proteção ambiental e promover ações de preservação, a fim de garantir a sustentabilidade da vida e do planeta.

Racismo estrutural e ética

O racismo e a ética estão intrinsecamente ligados, pois o racismo é uma violação fundamental dos princípios éticos de justiça, igualdade e respeito pela dignidade humana. Um dos obstáculos à construção do Estado Democrático de Direito, o racismo, com todas as suas facetas, se manifesta por meio de normas, práticas e comportamentos discriminatórios adotados cotidianamente em todos os âmbitos da sociedade. O racismo estrutural é um problema sistêmico que depara com múltiplas manifestações no âmbito jurídico e na prática da advocacia, desde a representação desigual de uma maioria minorizada nos escritórios de advocacia até a disparidade no tratamento de clientes com base em sua etnia, e não para por aí:

1. *Acesso desigual à Justiça:* A população negra se depara cotidianamente com obstáculos ao alcançar a Justiça, devido ao preconceito, à escassez de capital e à ausência de assistência jurídica apropriada.

2. *Desigualdade na representação:* Há uma sub-representação significativa de advogados negros em cargos de liderança nos escritórios de advocacia e em instituições jurídicas, o que afeta a capacidade das comunidades que são marginalizadas de obterem representação justa e eficaz.

3. *Racismo no sistema judicial:* O preconceito racial afeta o tratamento dos casos no sistema judicial, desde a abordagem policial até as decisões dos tribunais, o que leva a um tratamento desigual com base na cor e etnia das pessoas envolvidas.

4. *Desigualdade econômica:* Historicamente, a conexão entre racismo e desigualdade econômica dificulta que pessoas negras acessem e garantam uma assistência jurídica adequada, uma vez que a grande maioria da população negra do país não têm condições de arcar com os custos de advogados privados.

5. *Falta de sensibilidade cultural:* A falta de sensibilidade cultural pode levar advogados e instituições a confiar em estereótipos ou preconceitos, prejudicando a representação justa e equitativa.

No geral, a ética exige que nos comprometamos a acabar com a discriminação e a construir uma sociedade justa, equitativa e inclusiva. Enfrentar o racismo estrutural na advocacia exige uma abordagem que inclua a implementação de diversas políticas de recrutamento e promoção nos escritórios e ambientes onde a advocacia tem lugar. A sensibilização para as questões raciais entre os profissionais da Justiça e o trabalho para reformar o sistema judicial, visando garantir a igualdade de tratamento, independente de etnia.

Respeito pela diversidade

Ética demanda respeito pela variedade de seres humanos e valorização da igualdade de todas as pessoas, não importando sua cor, etnia ou procedência. O preconceito racial vai contra essa premissa ética, ao julgar e menosprezar pessoas de acordo com suas características étnicas. Há que se promover a diversidade e a inclusão dentro das instituições jurídicas, tanto em termos de representação racial entre os profissionais do Direito quanto no desenvolvimento de políticas e práticas que valorizem a diversidade.

1. *Justiça e igualdade:* Ética está relacionada à busca pela equidade e justiça, garantindo a todos as mesmas oportunidades. O racismo gera injustiças estruturais impedindo que os recursos, oportunidades e direitos sejam acessados de forma igualitária por todos. O objetivo deve ser garantir que todos

os indivíduos tenham acesso à Justiça, independentemente de sua etnia, e trabalhar para eliminar barreiras que possam impedir o acesso igualitário.

2. *Reconhecimento do preconceito:* Uma sociedade justa exige que reconheçamos e confrontemos o preconceito, a discriminação e o racismo em todas as suas formas. Isso envolve uma reflexão crítica sobre nossas próprias atitudes e comportamentos, bem como a defesa ativa contra o racismo e suas estruturas.

3. *Responsabilidade individual e coletiva:* A moralidade nos recorda que é dever de cada um de nós, de forma individual e coletiva, lutar contra a discriminação racial e fomentar a equidade entre todas as etnias. Esse compromisso envolve enfrentar a discriminação em nossas próprias experiências, além de apoiar medidas e ações que se oponham ao racismo estrutural e sistêmico. É preciso estabelecer mecanismos de monitoramento e prestação de contas para garantir que as políticas antidiscriminação sejam implementadas de forma eficaz e que casos de racismo sejam investigados e tratados adequadamente.

4. *Solidariedade e empatia:* Não basta só oferecer suporte às vozes dos grupos etnicamente marginalizados, o racismo não foi uma construção de homens, mulheres e crianças negras, logo a luta é de toda a sociedade.

5. *Educação e sensibilização:* A ética nos incentiva a buscar a educação e a sensibilização sobre questões raciais, a fim de compreender melhor as experiências e perspectivas das pessoas afetadas pelo racismo e para nos capacitarmos a desafiar e combater o racismo em todas as suas formas.

Ética e inteligência artificial

O desenvolvimento de sistemas de forma responsável, considerando não só os benefícios, a eficiência e a eficácia, não renunciando à ética e às implicações sociais das ferramentas interativas que causam impacto direto na vida humana, deverá ser elaborado com perspicácia e inclusão coletiva.

A abordagem multidisciplinar dos desafios propostos pela inteligência artificial envolve colaboração entre especialistas em ética, tecnologia, direito, política e outras áreas, além do comprometimento de governos empresas e sociedade civil.

1. *Algoritmos:* A necessidade de cuidado com os algoritmos de inteligência artificial que podem reproduzir e amplificar preconceitos presentes nos dados

com os quais são habilitados, levando a resoluções discriminatórias em áreas como emprego, crédito e justiça criminal.

2. *Privacidade e proteção de dados:* A coleta e utilização de grandes quantidades de dados pessoais para treinar modelos de inteligência artificial sugerem preocupações sobre a privacidade e segurança dessas informações. Garantir a proteção e privacidade dos dados dos usuários é essencial para evitar fraudes e abusos de toda natureza.

3. *Responsabilidade:* Quem é o responsável pelas operações dos sistemas de inteligência artificial? Se a inserção de dados foi feita por alguém, esse alguém deve ou não ser responsabilizado quando os erros foram causados pela inteligência artificial? A falta de transparência dos algoritmos e dos processos de tomada de decisão dificulta a responsabilização por erros e danos causados pelos sistemas de inteligência, e o debate sobre essa e outras questões sobre ética e inteligência artificial é de máxima importância para que se chegue a um consenso e responsabilização.

4. *Empregos e automatização:* O trabalho baseado na inteligência artificial pode levar à perda de empregos em alguns setores, causando graves problemas sociais e econômicos. A adoção de novas tecnologias pode tornar certas profissões obsoletas, fazer a transição de maneira apropriada para novas carreiras evitará danos e desempregos.

5. *Fraude e segurança:* Os sistemas de inteligência artificial podem ser vulneráveis a ataques mal-intencionados e a fraudes, levando a consequências graves a toda a sociedade, desde a disseminação não intencional até o comprometimento da segurança de privacidade de sistemas sensíveis.

6. *Sociedade:* A rápida adoção da inteligência artificial trará impactos significativos para a sociedade, mudanças no mercado de trabalho, na dinâmica social e econômica, bem como em questões filosóficas sobre o entendimento da responsabilidade pessoal e da autonomia.

A responsabilidade civil do Estado nos casos de vacinação

Patricia Souza Anastacio

Dedico esse artigo ao meu querido e saudoso irmão Marcos Souza Anastácio. Meu eterno amor e gratidão.

1. Introdução

O artigo trata da responsabilidade civil do Estado nos casos de danos decorrentes da vacinação (Programa Nacional de Imunização), bem como o conceito de saúde e saúde pública, e a responsabilidade civil do fabricante e as consequências jurídicas.

2. Conceito de saúde e da saúde pública

O direito à saúde vem consagrado na Constituição Federal como direito e garantia fundamental, com isso é dever do Estado garantir, mediante políticas públicas, ações necessárias que visem à redução dos riscos de doença e de outros agravos, para que possamos ter acesso de forma universal e igualitária a esse direito fundamental.

Mas, o que é saúde? A Organização Mundial de Saúde (OMS), em 1948, conceitua: "Saúde é um estado de completo bem-estar físico, mental e social, e não apenas a ausência de doença ou enfermidade".

Logo, saúde não é simplesmente ausência de doenças, mas um completo bem-estar que envolve questões físicas, mentais, sociais e outros fatores que possam influenciar na saúde do indivíduo (genética, hábitos de vida, meio ambiente, acesso à saúde, dentre outros).

Com isso, o direito à saúde envolve um processo contínuo que exige um envolvimento de diversos setores da sociedade, o Estado, as instituições e a população em geral.

Já a saúde pública abrange o bem-estar da população, sendo um campo amplo e crucial que se dedica a *proteger e promover a saúde da população como um todo*. Isso significa ir além do atendimento individual. O Estado foca a saúde pública em fatores que determinam a sua proteção em larga escala, tais como: condições sociais e econômicas (pobreza, acesso à educação e moradia, saneamento básico etc.); *meio ambiente* (qualidade do ar e da água, poluição etc.); *hábitos e comportamentos* (alimentação, atividade física, tabagismo, consumo de álcool etc.) e *sistemas de saúde* (acesso à atenção médica e hospitalar, qualidade dos serviços etc.).

Portanto, o Estado, ao buscar a proteção da saúde pública em larga escala, elabora programas nacionais de vacinação e outras ações que visam garantir o direito à saúde para um maior número de pessoas.

Contudo, o acolhimento amplo sempre vai gerar efeitos colaterais, visto que haverá casos de reações que possam resultar em danos irreparáveis para alguns.

A título de exemplo, com o advento da Covid-19 e a pandemia (epidemia que se dissemina por toda uma região; extensão de uma epidemia a todo um continente, a todo o globo terrestre. Disseminação de uma doença que alcança o mundo todo, isso ocorre quando há uma epidemia em uma região, mas que se espalha globalmente, atingindo todo o planeta. Doença infecciosa e contagiosa que se espalha muito rapidamente e acaba por atingir uma região inteira, um país, continente etc.)[(1)], o mundo se curvou à ciência a fim de buscar medidas urgentes para combater a transmissão do vírus Covid-19 e diminiur a incidência de mortes em decorrência da contaminação avassaladora e instantânea.

Em razão dessas discussões, veio à baila a obrigatoriedade da vacinação e com isso as consequências legais dos efeitos colaterais (em alguns casos). Como estávamos diante de uma pandemia, era dever do Estado garantir saúde a toda a população. Não podemos fechar os olhos para os efeitos colaterais (da vacinação — não só nos casos da Covid-19, mas a vacina contra gripe, sarampo e demais campanhas de vacinação, sempre haverá efeito colateral, mas como estamos diante de questões que envolvem a saúde pública — a supremacia do interesse coletivo, o Estado não pode ficar isento da responsabilidade e do dever de indenizar).

(1) Disponível em: https://www.dicio.com.br/pandemia/.

3. Da responsabilidade civil da União, estados e municípios

A Constituição Federal consagrou o princípio da responsabilidade objetiva do Estado pelos danos causados pelos seus agentes, nos termos do § 6º, do art. 37, *in verbis*:

> Art. 37. A administração pública direta e indireta de qualquer dos Poderes da União, dos Estados, do Distrito Federal e dos Municípios obedecerá aos princípios de legalidade, impessoalidade, moralidade, publicidade e eficiência e, também, ao seguinte:
>
> (...)
>
> § 6º As pessoas jurídicas de direito público e as de direito privado prestadoras de serviços públicos responderão pelos danos que seus agentes, nessa qualidade, causarem a terceiros, assegurado o direito de regresso contra o responsável nos casos de dolo ou culpa.

Quanto à responsabilidade da União Federal, a Lei n. 6.259/75, em seu art. 3º, determina:

> Art 3º Cabe ao Ministério da Saúde a elaboração do Programa Nacional de Imunizações, que definirá as vacinações, inclusive as de caráter obrigatório.
>
> Parágrafo único. As vacinações obrigatórias serão praticadas de modo sistemático e gratuito pelos órgãos e entidades públicas, bem como pelas entidades privadas, subvencionadas pelos Governos Federal, Estaduais e Municipais, em todo o território nacional.

Assim, considerando que no Brasil o sistema de vacinação é obrigatório e fornecido de forma gratuita pelos órgãos e entidades públicas e privadas, cabe ao Estado (União) ser responsável pelos danos decorrentes da vacinação.

Ademais, o Estado é o responsável pelo Programa Nacional de Imunizações, portanto toda e qualquer lesão causada em decorrência da vacinação e medicação indicada no rol do programa, cabe ao Estado (União, Estado e Município) o dever de indenizar a parte lesada.

Nesse sentido, são as decisões de diversos Tribunais Federais e Tribunais de Justiça Estaduais, *in verbis*:

> PROCESSUAL CIVIL, ADMINISTRATIVO E CONSTITUCIONAL – *RESPONSABILIDADE CIVIL DO ESTADO – SÍNDROME DE GUILLAIN BARRE PÓS-VACINAL – NEXO DE CAUSALIDADE DEMONSTRADO – ART. 37, § 6º, DA CF – APLICABILIDADE – RESPONSABILIDADE OBJETIVA* – DANOS MATERIAIS – PENSÃO VITALÍCIA INDEVIDA – LUCROS CESSANTES – CABIMENTO – DANOS MORAIS – RESSARCIMENTO DEVIDO – HONORÁRIOS – SUCUMBÊNCIA MÍNIMA DO AUTOR – INCIDÊNCIA DO ART. 86, PARÁGRAFO ÚNICO, DO CPC.

1. *A responsabilidade objetiva pressupõe seja o Estado responsável por comportamentos de seus agentes que, agindo nessa qualidade, causem prejuízos a terceiros. Impõe, tão somente, a demonstração do dano e do nexo causal, por prescindir da culpa do agente, nos moldes do art. 37, § 6º, da Constituição Federal.*

2. Depreende-se da leitura dos autos estar provada a relação causal entre a patologia desenvolvida e a vacina de gripe aplicada.

3. Não prospera o pedido de pagamento de pensão mensal vitalícia, a título de danos materiais. Perda ou incapacidade laborativa não constatada. Autor continua trabalhando na mesma função.

4. Cabimento de indenização em danos materiais por lucros cessantes, correspondente à diferença entre os valores recebidos a título de auxílio-doenca e os valores referentes ao salário líquido, que seriam recebidos no mesmo período.

5. Juros moratórios e correção monetária, a partir do vencimento de cada prestação, por se tratar de hipótese de prestação continuada. Precedentes do STJ.

6. Danos morais e nexo causal demonstrados. Compensação devida no importe de R$ 50.000,00 (cinquenta mil reais).

7. Correção monetária, a partir desta decisão (Súmula n. 362 do C. STJ), e juros de mora, a partir do evento danoso (Súmula n. 54 do C. STJ) considerados os índices previstos no Manual de Orientação de Procedimentos para os Cálculos na Justiça Federal.

8. Sucumbência mínima. Incidência do art. 86, parágrafo único do Código de Processo Civil. Condenação da parte ré ao pagamento da verba honorária de 10% sobre o valor da condenação, em atenção ao disposto pelo art. 85, § 3º, I, do referido diploma processual.

9. Apelação parcialmente provida. (APELAÇÃO CÍVEL (198) N. 5000904-95.2018.4.03.6106 – RELATOR: Gab. 20 – DESª. FEDERAL MAIRAN MAIA 6ª turma – TRF3 – Julgado em 22.7.2022) (Sem grifos no original)

Acerca do tema, já se manifestou o C. Superior de Tribunal de Justiça, no julgamento do REsp 1.388.197/PR, sob a relatoria do E. Ministro Herman Benjamin:

> ADMINISTRATIVO. RESPONSABILIDADE CIVIL OBJETIVA. ACIDENTE DE CONSUMO. ART. 927, PARÁGRAFO ÚNICO, DO CÓDIGO CIVIL. ART. 14 DO CÓDIGO DE DEFESA DO CONSUMIDOR. CAMPANHA NACIONAL DE VACINAÇÃO DE IDOSOS CONTRA VÍRUS INFLUENZA-GRIPE. REAÇÃO VACINAL. DESENVOLVIMENTO DA SÍNDROME DE GUILLAIN-BARRE. CASO FORTUITO NÃO CONFIGURADO. DANO MORAL PRESUMIDO. INDENIZAÇÃO. 1. *Hipótese em que o particular, ora recorrido, postulou a condenação solidária dos réus ao pagamento de indenização por danos morais, materiais e pensionamento mensal decorrentes do desenvolvimento da "Síndrome de Guillain- Barre" (SGB) após tomar dose de vacina* contra o vírus influenza (gripe), atendendo à incitação publicitária da "Campanha Nacional de Vacinação de Idosos". 2. Uma das mais extraordinárias conquistas da medicina moderna e da saúde pública, as vacinas representam uma bênção para todos, mas causam, em alguns, reações adversas que podem incapacitar e até levar à morte.

> *Ao mesmo Estado a que se impõe o dever de imunizar em massa compete igualmente amparar os poucos que venham a sofrer com efeitos colaterais. 3. Com base no art. 927, parágrafo único, do Código Civil ou no art. 14 do Código de Defesa do Consumidor, é objetiva a responsabilidade civil do Estado por acidente de consumo decorrente de vacinação, descabendo falar em caso fortuito ou imprevisibilidade de reações adversas.* 4. Recurso Especial não provido. (RESP – RECURSO ESPECIAL – 1388197 2013.00.99928-9, HERMAN BENJAMIN, STJ – SEGUNDA TURMA, *DJE* DATA:19.4.2017) (Grifos acrescidos)

No mesmo sentido, a Corte Suprema decidiu, quando do julgamento do ARE 1.249.452/DF, de relatoria do Ministro Edson Fachin:

> AGRAVO REGIMENTAL EM RECURSO EXTRAORDINÁRIO COM AGRAVO. RESPONSABILIDADE OBJETIVA. ART. 37, § 6º, DA CF. NEXO DE CAUSALIDADE. COMPROVAÇÃO NA ORIGEM. *INDENIZAÇÃO POR DANO MORAL. CONDUTA LÍCITA. IRRELEVÂNCIA.* REEXAME DE MATÉRIA FÁTICA. Súmula n. 279 DO STF. PRECEDENTES. TEMA 810 DA REPERCUSSÃO GERAL. INAPLICABILIDADE. 1. Inaplicável, na hipótese, o Tema 810 da repercussão geral, visto que não foi debatido em sede de apelação o índice de correção monetária (TR). Razões do apelo extremo dissociadas do acórdão recorrido. Súmula n. 284 do STF. 2. *A responsabilidade objetiva se aplica às pessoas jurídicas de direito público pelos atos comissivos e omissivos, independentemente da licitude ou não do comportamento do agente público, nos termos do art. 37, § 6º, do Texto Constitucional.* Precedentes. 3. O Tribunal de origem assentou a responsabilidade do Recorrente a partir da análise do contexto probatório dos autos, concluindo pela ocorrência do dano e pela presença do nexo de causalidade. Assim, eventual divergência de tal entendimento demandaria o reexame de fatos e provas da causa, providência inviável nos termos da Súmula n. 279 do STF. 4. Agravo regimental a que se nega provimento. Inaplicável o art. 85, § 11, do CPC, em virtude da sucumbência recíproca reconhecida na instância de origem. (ARE 1249452 AgR / DF – DISTRITO FEDERAL – AG.REG. NO RECURSO EXTRAORDINÁRIO COM AGRAVO – Relator(a): Min. EDSON FACHIN – Julgamento: 8.6.2021 – Publicação: 15.6.2021 – Órgão julgador: Segunda Turma) (Grifamos)

Logo, as decisões acima indicam que o Poder Judiciário reconhece a responsabilidade civil do Estado para os casos de efeitos colaterais advindas de vacinação e ou medicação.

Somente a título de exemplificação, na aquisição das vacinas para o Covid-19, a União editou uma lei, responsabilizando-se expressamente acerca dos efeitos colateriais advindos das vacinas adquiridas pelo ente público.

A Lei n. 14.125/2021, também conhecida como "Lei das Vacinas", dispôs sobre a responsabilidade civil relativa a eventos adversos pós-vacinação contra a

Covid-19 e sobre a aquisição e distribuição de vacinas por pessoas jurídicas de direito privado, e foi editada especificamente no cenário vivenciado mundialmente em decorrência da pandemia de Covid-19.

O art. 1º da Lei n. 14.125/2021 foi expresso ao estabelecer a total responsabilidade do ente federativo adquirente das vacinas quanto às eventuais situações de responsabilidade civil decorrente do uso do imunizante. *In verbis*:

> Art. 1º *Enquanto perdurar a Emergência em Saúde Pública de Importância Nacional (Espin), declarada em decorrência da infecção humana pelo novo coronavírus (SARS-CoV-2), ficam a União, os Estados, o Distrito Federal e os Municípios autorizados a adquirir vacinas e a assumir os riscos referentes à responsabilidade civil*, nos termos do instrumento de aquisição ou fornecimento de vacinas celebrado, em relação a eventos adversos pós-vacinação, desde que a Agência Nacional de Vigilância Sanitária (Anvisa) tenha concedido o respectivo registro ou autorização temporária de uso emergencial.
>
> § 1º A União, os Estados, o Distrito Federal e os Municípios poderão constituir garantias ou contratar seguro privado, nacional ou internacional, em uma ou mais apólices, para a cobertura dos riscos de que trata o caput *deste artigo.*
>
> § 2º A assunção dos riscos relativos à responsabilidade civil de que trata o *caput* deste artigo restringe-se às aquisições feitas pelo respectivo ente público.

Da leitura do dispositivo legal acima transcrito constata-se que a responsabilidade civil por possíveis reações adversas, sejam elas conhecidas, previsíveis, ou não, foi integralmente assumida pelo ente federativo respectivo, no caso, a União.

4. Da responsabilidade civil do fornecedor

E quanto aos fornecedores, esses respondem civilmente pelos danos causados pelas vacinas disponibilizadas nos casos de efeitos adversos e nas contraindicações?

O CDC — Código de Defesa do Consumidor — afirma que há responsabilidade civil do fornecedor de medicamento, em razão do dever qualificado de informar.

Segundo Thais Zuanazzi, os medicamenteo são conceituados como produtos farmacêuticos, tecnicamente obtidos ou elaborados com finalidade profilática ou curativa, paliativa ou para fins de diagnóstico, logo, a vacina disponível pelo Estado tem como objetivo curar, prevenir ou atenuar doenças ou condições prejudiciais à saúde.

Mas, apesar de tais vacinas serem disponíveis para fins de cura e prevenção, elas podem apresentar reações alérgicas, contraindicações e efeitos colaterais, por isso todas as informações devem ser indicadas nas bulas, pois o consumidor tem direito à informação sobre o produto.

Logo, o dever do fornecedor da vacina, portanto, é de informar o consumidor acerca de todos os efeitos colaterais e contraindicações de seu produto, de maneira que todos possam fazer escolha consciente em relação ao seu uso.

As decisões do C. STJ são no sentido de que o fornecedor responde pelas vacinas fabricadas nos casos em que há falta de informação completa nas bulas, nos moldes dos arts. 6º, inciso III , 9º e 14 do CDC.

> Art. 6º São direitos básicos do consumidor:
>
> (...)
>
> II – a informação adequada e clara sobre os diferentes produtos e serviços, com especificação correta de quantidade, características, composição, qualidade, tributos incidentes e preço, bem como sobre os riscos que apresentem.
>
> Art. 9º O fornecedor de produtos e serviços potencialmente nocivos ou perigosos à saúde ou segurança deverá informar, de maneira ostensiva e adequada, a respeito da sua nocividade ou periculosidade, sem prejuízo da adoção de outras medidas cabíveis em cada caso concreto.
>
> Art. 14. O fornecedor de serviços responde, independentemente da existência de culpa, pela reparação dos danos causados aos consumidores por defeitos relativos à prestação dos serviços, bem como por informações insuficientes ou inadequadas sobre sua fruição e riscos.

Portanto, sempre que o fornecedor não apresentar as informações necessárias (efeitos colaterais e contraindicações da medicação ou vacina produzida) atrairá o dever de indenizar em razão da falta de informação ao consumidor.

Há ainda a teoria da periculosidade exagerada, são os casos em que a medicação é produzida de forma acelerada sem realizar todos os testes necessários e certificações de que o produto não causará danos aos consumidores quando posto em circulação (também conhecido como risco em desenvolvimento).

O tema responsabilidade civil pelos riscos do desenvolvimento já foi debatido no C. STJ – Recurso Especial 1.774.372, RS, o qual a Ministra Nancy Andrigui decidiu, *in verbis*: "ainda que se pudesse cogitar de risco do desenvolvimento, entendido como aquele que não podia ser conhecido ou evitado no momento em que o medicamento foi colocado em circulação, tratar-se-ia de defeito existente desde o momento da concepção do produto, embora não perceptível *a priori*, caracterizando, pois, hipóteses de fortuito interno...".

Assim, uma vez que o fornecedor dispõe da medicação ou vacina sem a adequada informação deverá ser responsabilizado pelas contraindicações e omissões não apresentadas nas bulas e receituários.

5. Das consequências jurídicas

Uma vez provada a ação ou omissão do Estado, o nexo causal e o dano experimentado pela vítima, nasce o dever de indenizar, gerando para o lesionado a possibilidade de requerer junto ao Poder Judiciário (indenizações correspondentes ao dano moral, dano material – pensão vitalícia –, dentre outras indenizações), a depender do caso concreto.

6. Considerações finais

A saúde é um direito de todos e um dever do Estado, e como falamos em saúde pública, o direito da coletividade vai prevalecer sobre o direito individual, o que justifica os Programas Nacionais de Vacinação, buscando garantir a saúde para um maior número da população, porém o Estado não fica imune e isento da responsabilidade nos casos de reações alérgicas e outra mazelas oriundas da vacinação.

O Poder Judiciário é pacífico quanto à responsabilidade civil do Estado para os casos de danos causados em decorrência da vacinação.

Referências

https://www.planalto.gov.br

www.trf3.jus.br

www.stf.jus.br

www.stj.jus.br

As mulheres africanas imigrantes e refugiadas no Brasil

Regina Célia da Silva

Nota de agradecimento: Gratidão ao meu companheiro, Edison Gervásio, que partiu um pouco antes da publicação deste livro, agradeço a parceria, carinho e cumplicidade, que Oxalá o receba de braços abertos.

Introdução

Importante perceber as condições das mulheres africanas que chegam ao Brasil como imigrantes e refugiadas, acreditando que por ser um país composto por uma população negra correspondente a 55,8%, conforme dados do 2º trimestre de 2022 da Pesquisa Nacional por Amostra de Domicílios Contínua (Pnad Contínua) do IBGE, se torna um destino onde será possível viver novas experiências com segurança e de forma digna.

Como forma de enriquecimento das ideias foi utilizado o caminho da interdisciplinaridade que, por integrar várias áreas de conhecimento com um grande arcabouço de informações, conceitos e teorias, possibilita um entendimento mais amplo de determinado assunto.

Ivani Fazenda (2008, p. 13), grande estudiosa sobre o assunto, diz que:

> Exercitar uma forma interdisciplinar de teorizar e praticar educação demanda, antes de mais nada, o exercício de uma atitude ambígua. Tão habituados nos encontramos à ordem formal convencionalmente estabelecida, que nos incomodamos ao sermos desafiados a pensar com base na desordem ou em novas ordens que direcionem ordenações provisórias e novas.

Infelizmente, ao adentrar o país, surge uma realidade diferente daquela imaginada, já que em seu país de origem o racismo não existe tal qual no Brasil, que é extremante cruel. E por ser uma mulher com traços e cor de pele que difere do padrão de beleza ideal, será tratada lembrando aqueles que vieram antes e foram obrigados a servir, e mesmo que tenha um diploma de curso superior e um vasto conhecimento em qualquer área, este será ignorado totalmente, diferentemente de pessoas que venham de outras partes do mundo com a pele e olhos claros.

O racismo para essas mulheres virá acompanhado pela xenofobia que recai ao seu lugar de origem que não é visto como um país, desconsiderando que África é um continente com 54 países, e ao se referir a essas pessoas é usado o termo africano, sem ao menos perguntar qual o país originário.

E por fim, irá se deparar com o sexismo pela sua condição de mulher e, diante disso, será difícil e dolorido saber como agir. Assim sendo, buscaremos entender quem é refugiado, imigrante e quais são as garantias necessárias para que possam aqui viver, tendo os seus direitos assegurados pelo Estado.

1. A herança ancestral

Mulheres que eram rainhas e princesas foram covardemente sequestradas no continente africano e transportadas de forma desumana para o Brasil, com o discurso de que era uma bênção para poder purgar o pecado e ser perdoada por um deus que desconheciam, e que deveriam deixar todos os seus costumes, crenças e espiritualidade para trás.

Passaram a ser mercadoria barata e disponível para o escravizador que achava que poderia dispor de seu corpo e de sua alma sem nenhum tipo de constrangimento e sem nenhum pudor. Foram humilhadas, maltratadas, separadas de seus familiares e tiveram o seu corpo violado, e mesmo assim se falava em nome de Deus.

O padre Antônio Vieira pregava aos escravizados que: "Deveis dar infinitas graças a Deus por vos ter dado conhecimento de si, e por vos ter tirado de vossas terras, onde vossos pais e vós vivíeis como gentios, e vos ter trazido a esta, onde, instruídos na fé, vivais como cristãos e vos salveis".(1)

Muitas foram as dores e o sangue derramado pelos caminhos da história de todas as que nos antecederam, e ainda assim essas mulheres conseguiram preservar e transmitir a sua história enquanto cuidavam da casa grande, quando cozinhavam para os seus senhores, quando eram as responsáveis pelo cuidado dos filhos que as senhoras lhe confiavam desde a amamentação e as obrigavam a deixar os próprios filhos que conseguiam manter ao seu lado até que fossem vendidos como mercadoria.

---

(1) *Sermões Pregados no Brasil*, p. 63, *apud* Abdias Nascimento, 2016.

Com o passar do tempo a mulher escravizada conseguiu sair da casa grande como forma de aumentar os ganhos do escravizador ao vender os seus quitutes e pagar o chamado "jornal", que correspondia à parte de seus ganhos. Muitas conseguiram arrecadar pedras preciosas porque iam vender alimentos e bebidas próximo às minas e as recebiam como forma de pagamento. E foi dessa maneira que as mulheres negras conseguiram juntar meios de comprar a sua liberdade e de outras pessoas da família.

Dessa forma, elas se tornaram o sustentáculo da família quando veio o fim da escravidão, onde as portas se abriram sem nenhum cuidado com aquelas pessoas que foram deixadas à própria sorte. Nesse período, os colonizadores preferiram importar mão de obra estrangeira a manter os recém-libertos em suas fazendas.

2. A imigração no Brasil

A imigração no Brasil começou no reinado de Dom Pedro II com a política do embranquecimento, cuja intenção era exterminar a presença do negro, considerado inferior ao branco e, assim, incentivava-se a entrada no país de imigrantes europeus para que no prazo de cem anos a população fosse tal qual ao modelo europeu.

Assim, Souza (2021, p. 59) em seu livro *Tornar-se negro* define o pensamento que perdura até hoje:

> É a autoridade da estética branca que define o belo e sua contraparte, o feio, nesta nossa sociedade classista, em que os lugares de poder e tomada de decisões são ocupados hegemonicamente por brancos. É ela que afirma: "o negro é o outro do belo". É essa mesma autoridade que conquista, de negros e brancos, o consenso legitimador dos padrões ideológicos que discriminam uns em detrimento de outros.

Muitas leis vieram com o intuito de prejudicar ao máximo a vida dos recém-libertos, como a lei de vadiagem para prender os negros que não tinham alternativa a não ser ficar pelas ruas aguardando que aparecesse algum trabalho para realizar, a lei que proibia a aquisição de terras e as leis que dificultavam ao negro ingressar no mercado de trabalho após o fim da escravidão, o que colocou aquele que havia vindo em situação degradante para o país em situação de total miserabilidade, com a intenção de limitar o número de filhos entre pessoas pretas. Em contrapartida, eram concedidos incentivos ao imigrante europeu para vir ao Brasil.

O Brasil utilizou a imigração como maneira de extermínio e apagamento do povo negro desde o império, e hoje, com a falsa visão difundida de miscigenação, atrai imigrantes de países africanos pela ideia de similaridade, por possuir mais da metade de sua população formada por pretos e pardos e ter a certeza de que este é um país que acolhe a todas as pessoas, independentemente de sua cor de pele, de sua raça. Mas ao pisar neste solo, o que se vivencia é uma situação muito diferente por ser um lugar onde o racismo é velado e que muitas vezes não pode ser visto, mas é sentido por quem o sofre.

Quanto à concessão de empregos a mulheres estrangeiras, percebe-se que os maiores rendimentos são daquelas vindas do continente europeu, sendo que as mulheres africanas, asiáticas e latino-caribenhas recebem menores salários, o que demonstra claramente a diferença de tratamento na inclusão de mulheres imigrantes no mercado de trabalho formal, conforme dados do Relatório Anual OBMigra (2023):

> As mulheres de cor preta e parda estão em sua maioria inseridas no setor industrial de produção de alimentos e abate de animais nos frigoríficos, além do setor de serviços gerais como faxina e limpeza, e nos serviços de alimentação como cozinheiras, mesmo que tenham diplomas de curso superior, encontram dificuldades em seu reconhecimento, enquanto as mulheres brancas são inseridas nos setores relacionados ao trabalho administrativo e intelectual com facilidade. Enquanto 41,8% das pessoas imigrantes da Europa e 57,6% da América do Norte ganham mais de 5 salários-mínimos, somente 9,3% da África ganha o mesmo valor.

Importante frisar que o imigrante vem para o país como forma de melhorar a sua condição de vida e que pode retornar a sua pátria a qualquer momento, diferente daquelas pessoas que são obrigadas a abandonar o seu país e precisam de acolhimento diferenciado por ser refugiada.

3. O refúgio

Diferentemente dos incentivos concedidos aos imigrantes europeus, os refugiados oriundos dos países africanos não recebem o mesmo tratamento.

É importante entender a trajetória das leis de acolhimento às pessoas refugiadas, que teve início logo após o fim da Primeira Guerra Mundial pela necessidade de acolhimento, pela comunidade internacional, aos refugiados russos que surgiram oriundos dessa grande mancha na história, porém, devido à existência de refugiados armênios na Grécia, foi preciso adotar medidas que atendessem a todos os refugiados.

Seguidamente entre 1939 e 1945, o mundo vivenciou a Segunda Guerra Mundial, quando ocorreram grandes violações humanitárias. Nesse período, foram criados três órgãos: o Alto Comissariado da Liga das Nações para os Refugiados, o Comitê Intergovernamental para Refugiados e a Administração das Nações Unidas.(2)

O grande marco em prol dos direitos humanos foi a Declaração Universal dos Direitos Humanos, que dispõe em seu art. 14 que "todo ser humano, vítima de perseguição, tem o direito de procurar e de gozar asilo em outros países".(3)

Assim, surge em 1950 o Alto Comissariado das Nações Unidas para Refugiados (ACNUR), sendo em seguida aprovado o Estatuto dos Refugiados, que pretende proteger os direitos de toda e qualquer pessoa em situação de refúgio. No entanto, naquele momento consideravam-se apenas os acontecimentos ocorridos antes de primeiro de janeiro de 1951, com o intuito de proteção aos refugiados oriundos do continente europeu, sendo essa situação revista em 1967 para acolher a todas as pessoas que estivessem em situação de refúgio.(4)

A definição ampla de refugiado se deu após a aprovação da Convenção da Organização da União Africana em 1969, com entrada em vigor a partir de 1974. Esta foi acolhida pela Declaração de Cartagena, que foi ratificada pelo Brasil em 1951 para receber os refugiados europeus, sendo essa norma revista em 1989, com a criação do Estatuto do Refugiado. Anteriormente, a política migratória era regida pelo Estatuto do Estrangeiro, lei de 1980 que citava o refugiado sem uma definição específica.(5)

Atualmente, a definição disposta no art. 1º da Lei n. 9.474/97 reconhece como refugiado todo indivíduo que:

> I – devido a fundados temores de perseguição por motivos de raça, religião, nacionalidade, grupo social ou opiniões políticas encontre-se fora de seu país de nacionalidade e não possa ou não queira acolher-se à proteção de tal país;

---

(2) RAMOS, 2021, p. 3-4.

(3) COMPARATO, 2019, p. 242.

(4) *Idem.*

(5) *Idem.*

II – não tendo nacionalidade e estando fora do país onde antes teve sua residência habitual, não possa ou não queira regressar a ele, em função das circunstâncias descritas no inciso anterior;

III – devido a grave e generalizada violação de direitos humanos, é obrigado a deixar seu país de nacionalidade para buscar refúgio em outro país.

Muitas mulheres são obrigadas a deixar o seu país de origem devido a fundados temores de perseguição relacionados a questões de raça, religião, nacionalidade, pertencimento a um determinado grupo social ou opinião política, como também devido a grave e generalizada violação de direitos humanos e conflitos armados.(6)

A publicação realizada pelo Comitê Nacional para Refugiados (CONARE-2023) e pelo Departamento de Migrações da Secretaria Nacional de Justiça, e elaborada pelos pesquisadores do Observatório das Migrações Internacionais (OBMigra), informou que no ano de 2022 houve um grande aumento de mulheres que solicitaram refúgio ao Brasil. No total foram 50.355 solicitações de reconhecimento da condição de refugiado, um acréscimo de 21.248 solicitações, se comparado ao ano de 2021, quando o país recebeu 29.107 solicitações de reconhecimento da condição de refugiado, sendo que as pessoas do sexo masculino formaram o grupo majoritário e representaram 57,5%, enquanto as pessoas do sexo feminino representaram 42,5%.

Em São Paulo, que é um grande centro para onde se deslocam grande parte dos imigrantes e refugiados africanos, existe uma legislação específica estruturada pela Prefeitura da cidade que é composta pela Secretaria Municipal dos Direitos Humanos e Cidadania (SMDHC) criada pelo Decreto Municipal 53.685/13, que tem como missão: "formular, articular e coordenar a Política Municipal de Direitos Humanos e Cidadania, de forma transversal, interseccional, participativa e com respeito à diversidade, por meio da promoção e defesa de direitos, em benefício da população, com atenção especial às pessoas em situação de vulnerabilidade, visando a uma sociedade justa, igualitária, inclusiva, solidária e intercultural".(7)

Em sua estrutura, existe a Coordenação de Políticas para Imigrantes e Promoção do Trabalho Decente, criada no âmbito da Secretaria Municipal de Direitos Humanos e Cidadania de São Paulo, a partir do art. 242 da Lei n. 5.764/13, com "o objetivo de articular as políticas públicas migratórias no município de forma

(6) Disponível em: https://acnur.org/portugues/quem-ajudamos/refugiados.

(7) Disponível em: https://www.prefeitura.sp.gov.br/cidade/secretarias/direitos_humanos/a_secretaria/index.php?p=148581.

transversal, intersetorial e intersecretarial, uma proposta pioneira na cidade e no país".(8)

Não há como negar que a cidade de São Paulo está buscando melhorar sua legislação para que haja um melhor viver das milhares de pessoas que desembarcaram e continuam a chegar nos últimos anos, tornando a cidade multicultural.

O professor Paulo Daniel Farah (2017) diz que:

> Construída por migrantes internos e externos, além de refugiados, a maior cidade do Brasil, São Paulo, é retrato da miscelânea multicultural característica do país. Atualmente, é também morada de milhares de refugiados de aproximadamente 80 nacionalidades e representa a cidade da América Latina que mais acolhe refugiados e solicitantes de refúgio.

Embora a cidade de São Paulo tenha avançado em relação ao atendimento a pessoas refugiadas, temos uma realidade ímpar no centro onde, para fugir do destino de ter que ocupar cargos que não são condizentes com a capacidade que possuem, as pessoas preferem montar barracas para vender produtos como roupas, estatuetas, tecidos de origem africana, turbantes, brincos e pulseiras, confeccionar roupas com modelos tais quais os que usam, e que ganharam grande popularidade, e as tranças e *dreads*, que são rapidamente realizadas nas calçadas.

É um trabalho árduo, mas talvez as pessoas sintam que por estarem entre os seus sejam mais respeitadas, além de poderem contar com o companheirismo daqueles que se encontram na mesma situação e os que chegaram antes conseguem auxiliar com a língua, os costumes e com a legislação que atende a imigrantes e refugiados.

Certo é que em todo o país deve haver meios de acolher aqueles que chegam em busca de um melhor viver. É preciso entender que são pessoas que procuram um recomeço, e se possuírem qualificação, essa há de ser reconhecida, independentemente de cor da pele, religião, língua, crença, opção sexual, gênero ou capacidade financeira, pois o país deve ser neutro e justo para quem aqui chegar em busca de refúgio, em nome da dignidade da pessoa humana, princípio fundamental que de forma alguma pode ser ignorado.

---

(8) Disponível em: https://www.prefeitura.sp.gov.br/cidade/secretarias/direitos_humanos/imigrantes_e_trabalho_decente/.

4. O racismo acompanhado pelo sexismo

É importante perceber que no período da escravidão havia uma hierarquia social, em que o homem branco ficava no topo da escala, seguido pela mulher branca, pelo homem negro e, ao final, a mulher negra.

A liberdade não trouxe nenhuma ação para que houvesse a valorização daquele que carregou os filhos e manteve a casa dos seus senhores. Ainda hoje existe a visão deturpada sobre a mulher negra, que é uma forma consciente e deliberada de o homem branco sabotar a construção de uma personalidade segura e destemida, e manter essa mulher em último lugar na escala social. É a valorização do poder patriarcal do homem branco.

As barreiras construídas em torno do racismo e sexismo colocam essa mulher como um ser forte, que não sente dor, ao contrário da mulher branca, que é vista como frágil e precisa ser cuidada primeiro, o que gera consequências devastadoras, pois muitos são os relatos de violência e traumas causados em parto e pós-parto, quando é devido o cuidado para quem gera uma nova vida, causando maior número de mortalidade da mulher negra por eclâmpsia pela demora ao acesso a cuidados especiais.

Segundo Piedade (2022, p. 29), isso se comprova "segundo dados da Organização Mundial de Saúde (OMS), mulheres e jovens negras recebem menos anestésico local ao parir. Junta-se a isso o Racismo e o Racismo institucional que transformaram a população negra em resistente à dor".

Infelizmente, ainda em pleno século XXI, o racismo impera em nosso país, e é importante entender como esse fator reflete na trajetória da mulher negra, já que no racismo um grupo determina que uma raça é superior a outras com base em critérios como traços físicos e maneiras de comportamento, com o intuito de diminuir aquele que difere do seu grupo, entendendo que essa superioridade o legitima a depreciar as raças "inferiores".

Sueli Carneiro (2011, p. 127-128), uma das principais referências da atualidade nos estudos sobre questão de gênero e raça, nos permite entender o racismo e de que forma a mulher negra é vista pela sociedade brasileira atualmente:

> A conjugação do racismo com o sexismo produz sobre as mulheres negras uma espécie de asfixia social com desdobramentos negativos sobre todas as dimensões da vida, que se manifestam em sequelas emocionais com danos à saúde mental e rebaixamento da autoestima;

> em uma perspectiva de vida menor, em cinco anos, em relação à das mulheres brancas; em um menor índice de casamentos; e sobretudo no confinamento nas ocupações de menor prestígio e remuneração.

Para além de toda dor causada pelo sexismo, ainda é preciso vencer a xenofobia que atinge as pessoas que ingressam no país, vindas do continente africano.

No documentário "*As poderosas joias africanas*" (2022), produzido pela Missão Paz São Paulo, é muito potente o depoimento de Hortense Mbuyi — advogada na República Democrática do Congo, que diz:

> Quando eu chegou ao Brasil/São Paulo, teve que trabalhar como ajudante de cozinha.
>
> Sou advogada me formei em direito econômico social para poder defender quem não tem coragem de falar. Eu sai de madrugada como ajudante de cozinha e comparando com o que eu fazia no meu país, não era fácil eu aceitar.
>
> A África não é pobre, mas tem país que coloca a África na pobreza. A África precisa de respeito. A base é a base e o fundamento da família, a mulher é aquela que carrega um poder espiritual. Educar uma mulher é educar uma nação.

Quanto à concessão de empregos a mulheres estrangeiras, percebe-se que os maiores rendimentos são daquelas vindas do continente europeu, sendo que as mulheres africanas, asiáticas e latino-caribenhas recebem menores salários. Assim, denota-se que a desigualdade presente no país se estende a imigrantes, considerando o seu país de origem, o que demonstra claramente que o racismo e o sexismo imperam em todas as camadas da sociedade brasileira.

Fica muito claro o impacto que causam nos índices de violência doméstica cometidos no Brasil, iniciando-se com a violência conjugal e se reproduzindo em outros ambientes, colocando essa mulher em condição de "subalternidade".

A introdução da Lei Maria da Penha em nosso ordenamento foi um grande avanço em direção ao combate da violência doméstica e familiar sofrida pela mulher, porém os dados comprovam que a sua aplicação é falha na redução do número de mortes de mulheres negras, o que demonstra que o Estado precisa ampliar políticas públicas nesse sentido.

"Em 2021, 2.601 mulheres negras foram vítimas de homicídio no Brasil. Isso representou 67,4% do total de mulheres assassinadas naquele ano e uma taxa de aproximadamente 4,3 mulheres negras mortas para cada 100 mil. Entre as mulheres não negras, esta taxa foi de 2,4 por 100 mil, número quase 45% menor. Na comparação das taxas, o risco relativo de sofrer um homicídio é 1,8 vez maior entre as mulheres negras do que entre as não negras".[(9)]

Os direitos que deveriam estar garantidos pela Constituição Federal de 1988, conforme dispõe em seu artigo 5º, segundo o qual se garantem a igualdade perante a lei sem distinção, a inviolabilidade do direito à vida, à liberdade, à igualdade, à segurança e à propriedade, estão distantes da realidade que vivemos, visto que ainda se discriminam pessoas pela cor de pele, pelo lugar de nascimento e pela condição social.

5. Xenofobia

Ao se abrirem as fronteiras para receber pessoas que decidem se deslocar de sua pátria para viver em um outro país, com a certeza de que será respeitado, acolhido e que terá uma nova oportunidade, há que se ter a responsabilidade de proporcionar meios de sobrevivência a essas pessoas, como educação, trabalho, saúde e habitação. No entanto, o que se encontra é uma aversão aos povos de tom de pele mais escura, a repulsa a outras religiões caracterizando intolerância religiosa, como no caso dos muçulmanos e adeptos de religiões de matriz africana.[(10)]

Existe o estereótipo forjado pelo eurocentrismo de que o negro africano é inferior por não possuir capacidade intelectual, sendo uma das faces do racismo que "é a maneira pela qual ele aprisiona o outro em imagens fixas e estereotipadas, enquanto reserva para os racialmente hegemônicos o privilégio de ser representados em sua diversidade".[(11)]

A xenofobia é a ideia de que imigrantes e refugiados desejam ocupar o trabalho dos nativos do país, porém, o número de pessoas que saem do país em busca de melhores oportunidades é infinitamente maior do que as que aqui chegam.

A xenofobia é tipificada como crime no Brasil pela Lei n. 9.459/97, que determina: "art.1º Serão punidos, na forma desta Lei, os crimes resultantes de discriminação ou preconceito de raça, cor, etnia, religião ou procedência nacional",

---

(9) Disponível em: https://forumseguranca.org.br/wp-content/uploads/2023/12/atlas-da-violencia-2023.pdf.

(10) FARAH, Paulo Daniel. "Combates à xenofobia, ao racismo e à intolerância". *Revista USP*, 2017.

(11) CARNEIRO, Sueli. *Racismo, sexismo e desigualdade no Brasil*, p.70.

ainda assim, pela falta de informação, muitas pessoas que sofrem xenofobia não denunciam o crime, e é preciso que haja a implantação de políticas públicas para inclusão, acolhimento, valorização e respeito, pensando no fluxo migratório mundial para combater a xenofobia, o racismo e o sexismo, lembrando que todos os povos fazem parte do mesmo universo e devem ser integrados à sociedade brasileira com acesso a todos os direitos inerentes à sua situação de imigrante ou refugiado, serviços públicos, educação e saúde.

Conclusão

Notadamente, existe uma política de total esquecimento de uma grande mancha de sangue e dor derramada por escravizar pessoas negras sequestradas no Continente Africano e ainda permanecem diferenças devido à cor da pele que considera o branco como ser superior e o negro como a negação de tudo o que é bom.

A partir da abertura das fronteiras para acolher imigrantes europeus, com o intuito de exterminar todo povo negro, criou-se a falácia difundida mundialmente de democracia racial em que brancos, negros e indígenas desfrutavam das mesmas regalias para viver harmoniosamente, e dessa maneira os europeus vieram com uma série de incentivos.

Com a grande necessidade de deslocamento global, muitas pessoas imaginam que por existir mais de 50% de negros compondo a população brasileira, este é um destino perfeito para um recomeço digno, fugindo das mazelas que determinam o refúgio.

Nada melhor do que as palavras da poetisa palestina Farah Chamma em seu poema "A1-jinsiyya" (A Nacionalidade) de 2014 sobre o tema explanado.

> Concederam-me a nacionalidade brasileira
> Concederam-me um passaporte
> Uma identidade
> A mim concederam residência permanente
> Plano de saúde
> E outros documentos
> Com fotos pessoais
> Um pouco sorridente
> Por fazer parte da América Latina
> [...]
> Suas letras a pesar em minha língua árabe

Suas letras a pesar em minha língua árabe
Ainda assim dominei a língua portuguesa
Por vezes, meu peito oprimido
Por ser uma estranha nesse exílio sem fim
Como pássaro afastado dos seus
A buscar refúgio em qualquer grupo que
[o acolha
Num céu distante, exilado
[...]
Escrevi poesia em seus cafés
Sem temer um só dia o efeito de minhas
[palavras
Ou de censura intelectual
[...]
Muitas fronteiras se fecharam à minha
[frente
Apenas por ser refugiada palestina
Por possuir um documento sírio
Ou um passaporte de uma autoridade
[ilusória
Minha casa, um país no exílio.(12)

Referências

ACNUR. *Refugiados*. Disponível em: https://acnur.org/portugues/quem-ajudamos/refugiados. Acesso em: 1º fev. 2024.

BRASIL, *Constituição da República Federativa do Brasil*. Disponível em: https://www.planalto.gov.br/ccivil_03/constituicao/constituicao.htm. Acesso em: 1º mar. 2024.

______. *Lei n. 11.340, de 7 de agosto de 2006*. Esta Lei cria mecanismos para coibir e prevenir a violência doméstica e familiar contra a mulher. Disponível em: http://www.planalto.gov.br/ccivil_03/_ato2004-2006/2006/lei/l11340.htm. Acesso em: 7 maio 2024.

______. *Lei n. 9.474, de 22 de julho de 1997*. Define mecanismos para a implementação do Estatuto dos Refugiados de 1951, e determina outras providências. Disponível em: https://www.planalto.gov.br/ccivil_03/leis/l9474.htm. Acesso em: 22 abr. 2024.

______. *Lei n. 9459, de 13 de maio de 1997*. Altera os arts. 1º e 20 da Lei n. 7.716, de 5 de janeiro de 1989, que define os crimes resultantes de preconceito de raça ou de cor,

(12) Tradução do poema em árabe feita por Paulo Daniel Farah, no artigo "Combates à xenofobia, ao racismo e à intolerância".

e acrescenta parágrafo ao art. 140 do Decreto-lei n. 2.848, de 7 de dezembro de 1940. Disponível em https://www.planalto.gov.br/ccivil_03/leis/l9459.htm. Acesso em: 22 abr. 2024.

CARNEIRO, Sueli. *Racismo, sexismo e desigualdade no Brasil.* São Paulo: Selo Negro, 2011.

CAVALCANTI, L.; OLIVEIRA, T.; SILVA, S. L. *OBMigra 10 anos:* Pesquisa, Dados e Contribuições para Políticas. Série Migrações. Observatório das Migrações Internacionais: Ministério da Justiça e Segurança Pública/Conselho Nacional de Imigração e Coordenação Geral de Imigração Laboral. Brasília, 2023.

CERQUEIRA, Daniel; BUENO, Samira. *Atlas da violência 2023*. Brasília: Ipea; FBSP, 2023. Disponível em: https://forumseguranca.org.br/wp-content/uploads/2023/12/atlas-da-violencia-2023.pdf. Acesso em: 7 maio 2024.

CIDADE DE SÃO PAULO. "Direitos Humanos e Cidadania". Disponível em: https://www.prefeitura.sp.gov.br/cidade/secretarias/direitos_humanos/a_secretaria/index.php?p=148581. Acesso em: 22 abr. 2024.

______. "Direitos Humanos e Cidadania". Disponível em https://www.prefeitura.sp.gov.br/cidade/secretarias/direitos_humanos/imigrantes_e_trabalho_decente/. Acesso em: 22 abr. 2024.

COMPARATO, Fábio Konder. *A afirmação histórica dos Direitos Humanos*. 12. ed. São Paulo: Saraiva Jur, 2019.

DIRETORIA DE PESQUISAS COORDENAÇÃO DE POPULAÇÃO E INDICADORES SOCIAIS GERÊNCIA DE INDICADORES SOCIAIS. *Desigualdades sociais por cor ou raça no Brasil.* 2. edição. Rio, 11 nov. 2022. Disponível em: https://static.poder360.com.br/2022/11/IBGE-DESIGUALDADES-11.NV_.pdf. Acesso em: 23 abr. 2024.

Documentário: "As Poderosas Joias Africanas" (2022). Disponível em: https://vozes-e-olhares.missaonspaz.org/documentario-joias-africanas/. Acesso em: 2 fev. 2024.

FARAH, Paulo Daniel. "Combates à xenofobia, ao racismo e à intolerância". *Revista USP*, São Paulo, n. 114, p. 11-30, 16 set. 2017. Universidade de São Paulo. DOI: http://dx.doi.org/10.11606/issn.2316-9036.v0i114p11-30. Disponível em: https://www.revistas.usp.br/revusp/article/view/142365. Acesso em: 13 fev. 2024.

FAZENDA, Ivani Catarina Arantes (Org.). *Didática e interdisciplinaridade*. 13. ed. (Coleção Práxis). Campinas: Papirus, 2008.

INSTITUTO BRASILEIRO DE GEOGRAFIA E ESTATÍSTICA (IBGE). *Pesquisa Nacional por Amostra de Domicílios Contínua — PNAD Contínua*. Rio de Janeiro: IBGE, 2022. Disponível em: https://static.poder360.com.br/2022/07/populacao-ibge-2021-22jul2022.pdf. Acesso em: 8 mar. 2024.

JUNGER, Gustavo *et al* (Org.). *Refúgio em Números 2023*. Brasília: OBMigra, 2023. Disponível em: https://portaldeimigracao.mj.gov.br/images/Obmigra_2020/OBMIGRA_2023/Ref%C3%BAgio_em_N%C3%BAmeros/Refugio_em_Numeros_-_final.pdf. Acesso em: 5 fev. 2024.

NASCIMENTO. Abdias. *O genocídio do negro brasileiro:* processo de um racismo mascarado. 3. ed. São Paulo: Perspectivas, 2016.

PIEDADE, Vilma. *Dororidade.* São Paulo: Editora Nós, 2017.

RAMOS, André de Carvalho. *Direito Internacional dos refugiados.* [recurso eletrônico]. São Paulo: Expressa, 2021.

SOUZA, Neusa Santos. *Tornar-se negro:* ou as vicissitudes da identidade do negro brasileiro em ascensão social. São Paulo: Editora Zahar, 2021.

Desafios do DE&I nas relações de emprego: Responsabilidade com o "S" do ASG: Reflexões sobre diversidade, equidade e inclusão: Desafios e oportunidades nas relações de emprego

Sandra Regina Espírito Santo Monção

Muito se fala sobre os desafios na promoção da equidade nas relações de emprego. Porém, entendo ser necessária uma virada no pescoço para observar os fatos e atos que antecederam este momento.

A inclusão do "S" (Social) no contexto do ASG (Ambiental, Social e Governança) tem sido um ponto focal nas discussões contemporâneas sobre responsabilidade corporativa e sustentabilidade. Dentro desse contexto, o DE&I (Diversidade, Equidade e Inclusão) desempenha um papel crucial, especialmente nas relações de emprego. No entanto, há uma crescente percepção de que muitas iniciativas das empresas podem estar mais preocupadas com a imagem pública do que com efetivas mudanças sociais e organizacionais.

O Social no DE&I nas relações de emprego reside no fato de que, embora as empresas estejam adotando políticas e programas destinados a promover a diversidade e a inclusão, muitas vezes essas ações são superficiais e não abordam as questões estruturais que perpetuam as desigualdades. Muitas empresas veem o DE&I como uma estratégia de *marketing* para atrair clientes e investidores que valorizam a diversidade, em vez de um compromisso genuíno com a igualdade e a justiça social.

Além disso, a integração do "S" do ASG pode ser vista como uma tentativa de deslocar o foco das questões ambientais e de governança para as questões sociais, sem necessariamente abordar as causas subjacentes da exclusão das classes minorizadas. As empresas podem implementar programas de DE&I sem realmente questionar suas próprias estruturas e práticas que perpetuam o racismo, o sexismo e outras formas de discriminação. O que se trata de governança.

Para combater essa falácia, é necessário um compromisso real corporativo em promover mudanças sistêmicas em suas políticas de recrutamento, seleção, promoção e remuneração. Isso requer uma análise crítica das estruturas de poder dentro das organizações e um esforço deliberado para criar culturas inclusivas e equitativas. Além disso, engajamento, com as comunidades e grupos minorizados, para entender suas necessidades e perspectivas e garantir que suas iniciativas de DE&I sejam autênticas e impactantes.

É ainda necessário lembrar que a diversidade é entendida em cinco pilares principais, fundamentais para uma abordagem abrangente:

- *Equidade de gênero:* Igualdade de oportunidades para todos os gêneros, combatendo disparidades salariais e assédio sexual.
- *Raça e etnia:* Valorização da diversidade racial, étnica e cultural, promovendo inclusão das diferenças culturais.
- *Gerações:* Reconhecimento e valorização das contribuições de diferentes faixas etárias.
- *LGBTQIAP+:* Inclusão de pessoas com diferentes identidades sexuais e de gênero, criando ambientes seguros e acolhedores.
- *Pessoa com deficiência:* Inclusão e acessibilidade para pessoas com deficiência, garantindo igualdade de oportunidades.

Quando abrimos as portas e nossa mente para esses debates, iniciamos um processo de educação e reconstrução, visando a uma evolução social igualitária e de justiça social.

Aqui vou concentrar-me principalmente na abordagem da diversidade étnica e racial.

Não é possível falar sobre diversidade, equidade e inclusão, sem observar a estrutura socioeconômica da qual estamos inseridos. Observar, para entender, como chegamos e por que chegamos a patamares vertiginosos de desigualdades sociais. Para somente, a partir daí, começar a tratar de diversidade, equidade e inclusão nos ambientes de trabalho.

Gosto sempre de lembrar a escada de ascensão acadêmica, que é utilizada até hoje como meio de seleção de acesso aos espaços de destaque, prestígio e poder.

Na suposta construção da sociedade brasileira, pelos colonizadores, existia um alto índice de analfabetismo, sendo deixada a dominação da leitura e escrita a uma parcela da sociedade. Parcela essa que era dona de terras, escravocrata e dominadora dos meios de produção. Existiu, inclusive, a Lei n. 1 de 14 de janeiro de 1837, que tinha em seu texto os seguintes dizeres:

> "São proibidos de frequentar as escolas públicas: Primeiro: pessoas que padecem de moléstias contagiosas. Segundo: os escravos e os pretos africanos, ainda que sejam livres ou libertos."

Aqui chamo a atenção para os acontecimentos ocorridos após a "abolição", e trago um trecho do sociólogo Florestan Fernandes.[1]

> "A desagregação do regime escravocrata e senhorial se operou, no Brasil, sem que se cercasse a destituição dos antigos agentes de trabalho escravo de assistência e garantias que os protegessem na transição para o sistema de trabalho livre. Os senhores foram eximidos da responsabilidade pela manutenção e segurança dos libertos, sem que o Estado, a Igreja ou qualquer outra instituição assumisse encargos especiais, que tivessem por objeto prepará-los para o novo regime de organização da vida e do trabalho. (...) Essas facetas da situação (...) imprimiram à Abolição o caráter de uma espoliação extrema e cruel."

Se pararmos para fazer uma breve pesquisa, vamos verificar que nada foi feito para a inclusão.

A falta de preparação e apoio institucional para os ex-escravizados resultou em uma situação de extrema vulnerabilidade, em que muitos foram deixados à própria sorte, sem acesso a educação, emprego digno ou assistência social. Essa ausência de medidas efetivas para integrar os libertos na sociedade livre perpetuou as desigualdades sociais e econômicas que ainda enfrentamos hoje.

---

(1) FERNANDES, Florestan. *A integração do negro na sociedade de classes*, 2008.

Com o passar o tempo, as gerações foram se transformando e foram sendo alfabetizadas. Frequentando a escola até o ensino primário. A esses foram reservadas uma parcela de participação na cadeia de produção e também as atividades braçais e serviçais. O tempo passa, novas transformações acontecem e a próxima geração começa a seguir até o final do ensino secundário (hoje chamado de ensino médio). Pois o mercado de trabalho começa a exigir o segundo grau completo, para disponibilização e contratação para melhores vagas de emprego. Aqui também começam a surgir, com mais vigor a educação técnica, agregada à formação do segundo grau. O que daria aos então estudantes melhores possibilidades competitivas no mercado de trabalho, sem a necessidade de formação em faculdade, propriamente dita. Assim, temos uma quantidade significativa de jovens com graduação básica completa e muitos deles com conhecimentos técnicos em diversas áreas.

Esse cenário evidencia não apenas a evolução das exigências do mercado de trabalho, mas também as desigualdades sistêmicas presentes na educação e no acesso às oportunidades profissionais.

Inicialmente, a limitação da educação ao ensino primário relegava muitos jovens a ocupações braçais e serviçais, perpetuando uma divisão social que os mantinha em posições subalternas. O sistema educacional, historicamente marcado por desigualdades, favorecia aqueles com recursos financeiros e acesso a melhores escolas, enquanto marginalizava os menos privilegiados.

O surgimento da educação técnica integrada ao ensino secundário, supostamente, abriria novas portas para os estudantes, oferecendo conhecimentos práticos e habilidades específicas que os tornariam mais competitivos no mercado de trabalho, muitas vezes sem a necessidade de uma formação universitária completa. Mas também refletia uma segregação sutil, em que certas habilidades eram valorizadas em detrimento de outras. Isso não apenas reproduzia as desigualdades existentes, mas também limitava as perspectivas de ascensão social para muitos jovens periféricos.

Todavia, assim como tudo, houve novas exigências para se acessar os postos de trabalho técnicos e de maiores salários, e surgiu a exigência de formação em ensino superior.

Essa evolução nas exigências educacionais revelou-se uma faceta sombria da sociedade, em que a meritocracia é frequentemente um mito e as oportunidades são distribuídas de forma desigual, tornando a formação universitária uma condição indispensável para certos cargos e salários mais altos, erguendo-se uma nova barreira, excluindo aqueles que não têm acesso a essa educação privilegiada.

Tal barreira perdurou por anos. Um ou outro conseguia furar a bolha e se formar em uma faculdade, passando por todos os tipos de dificuldades e provações diárias. Mas ainda assim chegavam ao final da formação. Até que o acesso à educação, por meio de políticas afirmativas de incentivo, nos anos 2000, democratizou o ensino superior em nosso país, possibilitando que os filhos e filhas da classe operária, braçal e serviçal, pudessem se formar na faculdade. A partir dali, supostamente, a disputa se tornou mais acirrada e igualitária, afinal, mais pessoas formadas, mais profissionais, devidamente habilitados e com excelência. Porém, não foi e não é bem assim que aconteceu.

Com essa gama de pessoas oriundas das classes trabalhadoras, com diploma de faculdade nas mãos, o "mercado de trabalho" se tornou mais exigente nas qualificações, passando, inclusive, a exigir formação acadêmica, nessa ou naquela universidade, o que em São Paulo, comumente, chamamos de as três mais. O que antes era primeiro grau foi para segundo grau, formação técnica, faculdade e faculdade em determinada instituição. Começou-se a exigir conhecimento em língua estrangeira, mais comumente o inglês, pós-graduação e especializações nas mais diversas áreas e agora tenho observado um movimento forte em torno de MBA, mestrados e doutorados.

Notem que, cada vez que as classes ditas menos afortunadas conseguem cumprir o rol de exigências do mercado de trabalho, aumenta-se a exigência. Exigências travestidas e amparadas em supostas necessidades de um mercado cada vez mais competitivo e global. A isso eu chamo de escada da ascensão acadêmica.

Esse fenômeno não é por acaso. A escada de ascensão acadêmica vai ganhando cada dia mais um degrau, e não para garantir que as melhores cabeças, mas sim para manter as minorias e minorizados fora desse jogo.

São séculos de segregação que moldaram as estruturas sociais, desde os tempos da colonização até os dias de hoje. Enquanto alguns resistiram e persistiram, outros foram deixados de fora, marginalizados e privados de oportunidades.

São tantos anos de segregação para a manutenção de um estado de coisas estabelecidas desde a colonização de um lado e de resiliência e resistência de outro, que chegamos a esse impasse de COMO SER MAIS DIVERSO? Quem está de fora, está preparado e quer entrar e exige a participação. Quem está dentro e dominando por anos o ambiente e o meio de produção, se vê obrigado a abrir espaço, se quiser continuar existindo e com valor agregado ao seu produto. A partir disso, vão se solidificando termos como DE&I (Diversidade, Equidade e Inclusão), que estão dentro do "S" do ASG (Ambiental, Social e Governança).

Essas letras representam não apenas ideais, mas uma nova forma de encarar o mundo dos negócios e da sociedade como um todo. Elas representam uma mudança fundamental na mentalidade e nas práticas, uma mudança que é essencial.

Aqui não estou querendo minimizar a importância da educação e dizer que não é necessário estudar e estar preparado tecnicamente para ocupar os cargos de lideranças e destaques, pois acredito piamente no poder transformador da educação e que só com ela conseguimos romper correntes e furar bolhas que nos sãos impostas. Só por meio da educação provocamos a transformação que desejamos.

A questão crítica emerge quando a educação é transformada em um obstáculo para alguns, enquanto para outros é oferecido um atalho, contornando a necessidade de diplomas e certificações. É fundamental questionar o papel da exigência de níveis acadêmicos e conhecimento específicos que mantêm a perpetuação dessas desigualdades, e buscar alternativas que valorizem as habilidades, experiências e conhecimentos diversos que cada indivíduo pode oferecer.

Ao longo dos anos, tenho observado atentamente esses fenômenos, tanto em minha experiência profissional quanto em minha jornada pessoal. Amarguei por anos o sentimento de sempre estar faltando algo, que nunca era o suficiente, até perceber aquela repetição de conduta, a escalada incessante da ascensão acadêmica, que citei nos parágrafos anteriores em todos os meios de produção e diversos segmentos econômicos e sociais.

Nos últimos anos, tenho participado de vários debates, diálogos e atividades que tratam da temática DE&I e "S" do ASG. As palavras que mais ouço são: DESAFIOS E DIFICULDADES.

Em um evento voltado para o ramo dos escritórios de advocacia, os donos de grandes bancas estavam discutindo as dificuldades e desafios de atrair mulheres e pessoas negras "capacitadas" nos processos de contratação, especialmente para cargos de destaque e gestão. Foi quando o microfone foi passado para Jandaraci Araújo, uma voz reconhecida no meio. Ela começou sua fala questionando essas dificuldades e desafios, afirmando que, no fim das contas, são apenas mulheres, pessoas negras – são seres humanos. Não há justificativa para tamanha dificuldade.

A partir da intervenção de Jandaraci, percebeu-se uma mudança de narrativa nos painéis do evento. Ao longo das exposições, um dos donos de escritório assumiu um discurso diferente. Ele reconheceu que ter diversidade, incluindo mulheres e pessoas negras em seus quadros não é apenas uma questão de responsabilidade social, mas também é rentável para o negócio. Ele destacou como essas ações agregam valor aos contratos, especialmente considerando que muitos clientes e empresas pertencem a grupos com compromissos globais de diversidade e inclusão. E precisam cumprir metas assumidas, que podem ser através de programas internos e também de parceiros e fornecedores.

Essa revelação foi como uma epifania, especialmente para os grupos minorizados. Finalmente, alguém assumiu o que todos já sabiam há tempos: não se trata apenas de fazer o que é certo socialmente, mas também de reconhecer que a diversidade é lucrativa.

Desse dia em diante, comecei a praticar outro tipo de observação, que era sobre não somente ao acesso de pessoas diversas às vagas de emprego, mas também a sua permanência, mobilidade, ascensão e promoção. Observação que me deixou estarrecida.

Participando de eventos sobre o "Social" e DE&I, financiados e com a participação de grandes corporações nacionais e internacionais, percebo uma intenção genuína de ampliar o acesso de grupos diversos às grandes empresas. No entanto, por trás dessa boa intenção, surge um problema latente.

Durante esses eventos, não apenas ouço os palestrantes, mas também converso com os participantes, muitos dos quais são funcionários das empresas patrocinadoras. Muitos estão envolvidos em programas de formação e mentoria para acessar oportunidades dentro dessas corporações. Nessas conversas, cheguei a uma conclusão que me entristece profundamente.

As necessidades de uns se tornam uma mina de ouro para outros. Enquanto as empresas buscam diversidade em seus quadros para atender a metas e compromissos de responsabilidade social, há um claro aproveitamento desses esforços por parte de consultores, mentores e programas de formação, que lucram com a busca por inclusão e igualdade. Essa exploração das necessidades e aspirações de indivíduos em busca de oportunidades revela uma face obscura por trás da retórica da diversidade corporativa. A busca pela diversidade se tornou um produto lucrativo ramo de recrutamento e seleção.

O aumento da demanda por diversidade criou uma oportunidade para o surgimento de consultorias especializadas em diversidade e inclusão, além de ferramentas de recrutamento que utilizam inteligência artificial e análise de dados para eliminar vieses no processo de seleção. Essas empresas oferecem serviços que vão desde a formação de comitês de diversidade até a análise de dados demográficos e culturais da força de trabalho. São milhões, investidos.

Os grupos dominantes no mercado não apenas exercem controle sobre os recursos e oportunidades, mas também monopolizam o discurso em torno da diversidade e inclusão. Apresentam a inclusão como um desafio complexo, justificando assim a implementação de mecanismos elaborados e burocráticos para supostamente facilitar o acesso de grupos minoritários às oportunidades de emprego.

Dentro desses esforços, surge uma variedade de práticas, desde sistemas de Inteligência Artificial que analisam currículos em busca de palavras-chave até processos de contratação às cegas, em que a identidade dos candidatos é ocultada. Essas estratégias visam criar uma suposta igualdade na seleção, além de programas de preparação em que os candidatos são guiados através de uma jornada com métricas a serem cumpridas e certificações a serem obtidas, tudo sob o controle das empresas.

Entretanto, por trás dessa aparência de equidade, há um aspecto preocupante. A existência do risco de que tais sistemas acabem reproduzindo vieses discriminatórios, excluindo candidatos com potencial genuíno, mas que não se encaixam nos critérios preestabelecidos, pois a programação ainda é realizada por pessoas que não reformularam seus ideais retrógrados.

Embora essas iniciativas possam parecer bem-intencionadas, é essencial questionar quem realmente se beneficia delas e se elas estão realmente promovendo uma mudança significativa em direção à verdadeira diversidade e inclusão, com responsabilidade social. A meu ver, não! Tudo me parece no mínimo temeroso.

Temeroso, pois certa vez, em conversas com jovens que relataram ter passado por um processo seletivo de cinco, seis meses para uma vaga de *trainee*, um deles relatou não ter passado seis meses no cargo, por problemas de mobilidade dentro da empresa.

Penso que se um processo dura tudo isso de tempo, a vaga não existe e/ou se trata de mais um programa de *marketing* da empresa, que se utiliza do programa para dizer que está investindo em novos profissionais diversos, sem nenhuma responsabilidade social real em relação à contratação desse profissional e seu desenvolvimento.

Quem está procurando emprego precisa dele agora. As necessidades da vida cotidiana são urgentes e contínuas. Como um jovem da classe trabalhadora, ainda que bolsista, vai arcar com suas despesas de transporte, alimentação, material didático, sem um trabalho que o remunere? Certamente, esse que não tem um suporte financeiro familiar, já estará fora do páreo.

Aqui, trata-se de uma crítica contundente. Muitas vezes, por trás desses programas de recrutamento supostamente inclusivos, há uma estratégia calculada de *marketing* corporativo, que pouco se preocupa com as necessidades imediatas dos candidatos. Com o impacto social e econômico gerado na vida dos candidatos.

Essa falta de consideração pelas necessidades básicas dos candidatos não apenas perpetua as desigualdades socioeconômicas existentes, mas também revela uma face perversa do discurso corporativo de inclusão. Ao priorizar a imagem pública e os interesses financeiros, tais programas acabam se tornando mais uma forma de exclusão disfarçada, deixando de lado aqueles que mais precisam de oportunidades reais de emprego e desenvolvimento profissional.

Pensem em um profissional mais experiente, que está transacionando de carreira ou está à procura de uma oportunidade de trabalho. Como ficam suas obrigações durante um período longo como esse de contratação?

É alarmante ver como as exigências do mercado de trabalho continuam a aumentar, criando uma falsa igualdade onde as oportunidades são desiguais desde o início. Analisando a voracidade do mercado em capitalizar sobre a diversidade, é especialmente perspicaz.

Penso que temeroso é pouco. É assustador!

Nos tempos dos meus pais, eles diziam que era simples arrumar emprego, que muitas vezes saíam pela manhã e no final da tarde já estavam com o emprego na mão, inclusive com carteira de trabalho registrada e com início imediato. O acesso às empresas e às vagas era direto.

O tempo passou e foram surgindo agência de emprego, também conhecidas como agências de recrutamento e seleção. Preenchimento de ficha de cadastro, entrevista com um recrutador e/ou psicólogo, testes técnicos e psicossociais, dinâmicas de grupo... até a entrevista final com o responsável da área. Surgiu um nicho a ser explorado, entre quem tem a vaga de emprego e o que precisa da vaga de emprego. Tornando tudo um processo longo e burocrático. Extremamente rentável.

Passados os anos, acompanhando a evolução do mercado de trabalho e tudo que sem tem dito sobre contratações, meios de contratação, processos robotizados, likedin etc. O tempo não para, a sociedade vai caminhando. Com ela vão surgindo novas oportunidades de negócios e observo que o DE&I é uma oportunidade muito rentável, não só economicamente, mas também socialmente e como *marketing*.

Todos falam de diversidade, todos querem diversidade, todos dizem que têm diversidade em suas empresas e, quem não tem, diz estar empenhado em ter. Surgem associações, grupos do mais diversos, ONGs... Enfim, um universo de possibilidades de exploração mercadológica da mazela humana de busca por uma boa oportunidade de trabalho que lhe traga retorno financeiro, reconhecimento, solidez e tudo que um trabalhador almeja.

É estarrecedora a voracidade do mercado, a sua capacidade de perceber negócio em um problema social sério. Quando olho para esse cenário vejo muitos fogos de artifícios, grandes eventos, figuras influentes. Todo um universo criado sobre a temática DE&I, seus desafios e dificuldades. Recursos e mais recursos sendo direcionados para essa pauta, porém sem a sua efetividade concreta. As pessoas que estão em suas jornadas pessoais de formação e educação continuam fora desse grande mercado, e quando entram são engolidas por essas corporações, ficando adoentadas.

Lidar com processos de busca por emprego pode ser desafiador, especialmente quando enfrentamos etapas de seleção longas e complexas que consomem tempo e recursos financeiros. É frustrante passar por várias etapas apenas para descobrir que a vaga foi preenchida por alguém indicado, muitas vezes por influências dentro da empresa. O famoso QI (quem indica).

Situações em que pessoas são contratadas por conexões pessoais em vez de méritos podem minar a confiança no processo de seleção e criação de ambientes de trabalho desiguais e pouco isonômicos. Essa prática prejudica não apenas os candidatos que são preteridos, mas também a própria empresa, que pode perder talentos valiosos e comprometer sua eficiência e excelência.

É fundamental promover práticas de recrutamento e seleção transparentes, baseadas em critérios objetivos e características individuais, para garantir a igualdade de oportunidades para todos os candidatos.

Os que dominam o mercado herdaram, são parentes, amigos de longa data e assim por diante... A esses é sempre reservado o espaço nessa ou naquela instituição, pois tem padrinhos e madrinhas influentes, juntamente com familiares que pensam e cuidam de seu futuro, desde o nascimento. Para esse existe um termo que é a "herança que importa". A herança que importa é o sobrenome, são suas conexões sociais e políticas que lhe garantem um futuro.

Você que está me lendo pode pensar. O que ela está querendo dizer com tudo isso? Qual é o problema? Eu te digo qual o problema.

O problema é que para quem vem furando as bolhas e quebrando as barreiras de acesso à educação e de todas as dificuldades socioeconômicas, é feita uma série de exigências, e para quem é indicação de alguém importante não é aplicada a mesma régua. Não estamos em patamar de igualdade. Enquanto uma pessoa como eu (mulher negra) tem de percorrer uma longa jornada de quilômetros, alguém pega um atalho e chega na frente, tem oportunidades infinitas e ocupa as melhores vagas de emprego. Em resumo, o que o indicado investe cinco, seis anos de sua vida, para alcançar uma boa colocação do mercado, com um bom salário, para os outros isso significa, dez, quinze anos de dedicação para chegar ao mesmo patamar ou chegar próximo.

Há a necessidade de olhar para trás, entender o contexto histórico que nos trouxe até aqui e reconhecer que a diversidade e a equidade não são apenas conceitos contemporâneos, mas desafios institucionalizados em estruturas sociais e econômicas antigas. As reflexões sobre a ascensão acadêmica como uma escada com degraus cada vez mais altos ressoam com a realidade de muitos, onde a educação é tanto um instrumento de transformação quanto uma corrida de obstáculos perversa.

Diversidade, equidade e inclusão (DE&I) não se restringem apenas à contratação, mas abrangem todo o ciclo de vida do funcionário dentro das corporações. É fundamental que as organizações garantam um ambiente de trabalho inclusivo, onde todas as pessoas, independentemente de sua origem, gênero, raça, identidade sexual, idade, entre outros aspectos, tenham acesso igualitário a oportunidades de desenvolvimento profissional e pessoal.

É imperativo questionar até que ponto as empresas estão genuinamente comprometidas com o fomento do DE&I, ou se essas iniciativas são apenas fachadas em forma de *marketing*, que mantêm o *status quo*. Não basta apenas implementar políticas superficiais para cumprir cotas e/ou atender a padrões estabelecidos. É preciso questionar as estruturas de poder e privilégio que perpetuam desigualdades e marginalizam certos grupos dentro do ambiente de trabalho. É necessário um comprometimento social genuíno, além de programas de recrutamento ou iniciativas pontuais. O verdadeiro desafio é sair dos discursos vazios e ações pouco claras e concretas, e promover uma verdadeira mudança sistêmica, onde cada indivíduo seja valorizado e respeitado em sua totalidade.

Referências

AASP. *Revista do Advogado*, ed. 161, março 2024.

ALMEIDA, Silvio Luiz de. *Racismo estrutural.* São Paulo: Pólen, 2019.

FERNANDES, Florestan. *A integração do negro na sociedade de classes*. 5. ed. Biblioteca Azul, 2008.

GONZALEZ, Lélia. *Por um feminismo afro-latino-americano.* Rio de Janeiro: Zahar, 2021.

AZEVEDO, Cecília; RAMINELLI, Ronald. *História da Américas:* novas perspectivas. Rio de Janeiro: FGV, 2011.

CONSELHO NACIONAL DE JUSTIÇA. *Pesquisa sobre negros e negras no Poder Judiciário*, 2021.

Desafios e perspectivas, uma análise das políticas públicas: Gestão do sistema de tributação com foco no combate às desigualdades

Shirley Candido Claudino

Agradeço de coração à minha mãe, Ana Maria, e a toda minha família pelo apoio incondicional em cada passo desta jornada. Às idealizadoras e coautoras, sou profundamente grata pela oportunidade de contribuir para este projeto maravilhoso. E, acima de tudo, agradeço a Deus por me abençoar com o dom da vida e a força para contribuir na luta para um futuro mais justo!

1. Políticas públicas e sua relevância para a sociedade

Políticas públicas são diretrizes, programas e medidas adotadas pelo governo com o propósito de promover o total desenvolvimento da sociedade. São diversas as iniciativas que pretendem resolver problemas sociais, econômicos e políticos, desde estratégias de alto nível até regras e regulamentos administrativos estabelecidos pelas autoridades governamentais.

Essas políticas podem ser implementadas em diferentes níveis de governo, desde o âmbito federal até o local, e visam atender às necessidades e demandas dos cidadãos, proporcionando melhores condições de vida, igualdade de oportunidades e proteção dos direitos fundamentais. Mas, enfrentam uma série de desafios que vão desde a escassez de recursos até a complexidade burocrática na implementação de políticas públicas no sistema de tributação, o que torna imperativo adotar uma abordagem planejada e integrada, para superar tais obstáculos e alcançar resultados efetivos.

2. Contexto histórico e evolução

A história das políticas públicas no Brasil reflete uma complexa interação entre desenvolvimento urbano, industrialização e ação estatal. O surgimento dessas políticas coincide com a transição para um Estado mais intervencionista, que buscou controlar as forças sociais emergentes à época.

No entanto, as políticas de cotas, que remontam à abolição da escravidão, destacam as lacunas e desafios na trajetória histórica das políticas sociais brasileiras, evidenciando que grupos étnicos foram preteridos no planejamento de desenvolvimento político e econômico, no processo em que se encontravam. Com a evolução da sociedade, as mazelas quanto ao aspecto social agravaram ainda mais o cenário geral, e o Estado, durante a época da gestão Vargas, fomentou um movimento que almejava o desenvolvimento baseando-se no conhecimento científico social, visando delinear políticas públicas que pudessem transformar e mitigar tais problemas.

Em consequência, nas décadas que se seguiram, especialmente 1970 e 1980, houve por parte do Estado um movimento em direção a uma maior intervenção na proteção social, embora muitas vezes sob uma lógica autoritária durante a ditadura militar. No entanto, paralelamente aos avanços, as mudanças no mercado capitalista globalizado trouxeram desafios, incluindo o aumento da pobreza e da exclusão social.

No cenário global, surge a ideia do bem-estar social, enfatizando a necessidade de melhorar a qualidade de vida das pessoas, que também influenciou o cenário brasileiro, embora com características distintas.

No Brasil, as políticas sociais adotadas não foram adequadas o suficiente para atenuar as desigualdades, revelando a necessidade de adaptação às características locais, inclusive sob o aspecto da relevância dos direitos humanos na busca por justiça social. Entenda-se o referido termo, no contexto étnico-racial, social e de gênero propriamente dito, o que culmina no enfraquecimento da teoria de bem-estar social, aplicada às ações de políticas públicas.

As políticas de transferência de renda, ao longo do tempo, apesar de desempenharem um papel significativo no fortalecimento dos direitos sociais e na capacitação dos cidadãos para exercerem plenamente sua cidadania, se mostram irrelevantes ao fim que se propõem, uma vez que causam dependência econômica financeira dos beneficiados, e no contexto social brasileiro a necessidade de fomentar a independência do indivíduo em relação ao Estado é perene.

Sob a perspectiva do desenvolvimento econômico, as ações de transferência de renda não atingiram seu objetivo, carecendo da expansão da sua abrangência em uma abordagem em várias frentes, que reconheça a complexidade dos problemas sociais e promova a participação ativa de todos os setores da sociedade na busca por soluções duradouras e, sob esse aspecto, pensando políticas públicas a partir das necessidades basilares em relação à sua eficácia, reproduzindo resultados ao longo do tempo, considerados na contemporaneidade.

3. Desafios atuais

A discussão sobre os desafios enfrentados na implementação efetiva das políticas públicas reside na concretização objetiva material, considerando a multiplicidade de frentes a serem abordadas, que abrangem desde a educação básica até a saúde e a economia, entre outros aspectos sociais. É crucial compreender a complexidade da necessidade de implementar políticas afirmativas para impulsionar o desenvolvimento do país.

A pobreza da população impacta diretamente o desenvolvimento econômico de uma nação, representando um obstáculo mesmo para um país continental e rico como o Brasil prosperar. Portanto, torna-se imprescindível que as políticas públicas não se limitem exclusivamente ao campo educacional e transmissão de renda, mas se estendam a outras esferas, como o enfrentamento das questões que sejam relacionadas à reforma agrária e às políticas públicas de cunho social e étnico-racial, mas, sobretudo no campo da economia tributária em relação ao indivíduo social. Tais medidas devem focar na efetiva reparação das injustiças.

Neste ínterim, reconhecendo a pertinência, foi estabelecido um paralelo superficial entre as políticas públicas e as isenções e imunidades tributárias, considerando o impacto social dessas isenções e imunidades na gestão econômico-tributária brasileira, e sua relevância para promover o bem social e o desenvolvimento econômico. De modo geral, as políticas públicas geram impacto financeiro na estrutura econômica da sociedade. Contudo, a lógica do sistema tributário, que é baseada na captação de recursos por meio da tributação sobre patrimônio, renda e consumo, resulta em distorções do sistema e essas discrepâncias prejudicam os mais pobres, exigindo a adoção de diversas frentes para soluções que emancipem a população carente.

Apesar de o tributo ser o principal instrumento que financia o Estado, as desonerações por meio de imunidades e isenções tributárias são apresentadas na legislação como meio de proteger valores universais e sociais constitucionalmente garantidos. Por meio de indução, deduções e compilação de dados, é possível alinhar as políticas públicas com a intenção constitucional de proteção, tal qual as imunidades e isenções.

Assim, adotando uma visão ampla e interdisciplinar, embora seja difícil estabelecer uma reparação histórica financeira, entende-se essa como necessária. E, ao refletir esses princípios constitucionais atrelados aos direitos humanos nas políticas públicas reparatórias, voltadas à criação de mecanismos de isenções específicas para esse fim, é possível e viável, seguindo as regras já estabelecidas para imunidades e isenções, estruturar e adequar algoritmos e critérios específicos para identificar os beneficiários dessas políticas, promovendo justiça histórica.

Além disso, é necessário demonstrar como as finanças públicas são afetadas pela má utilização dos benefícios fiscais e como a falta de recursos impacta as políticas públicas.

No contexto histórico das políticas públicas, é importante diferenciar os benefícios fiscais e analisar seu impacto econômico, combinando isso com os estudos da Análise Econômica do Direito e as premissas das políticas públicas.

Demonstrar a relação entre as medidas jurídico-tributárias adotadas pelo Estado e seus reflexos no campo social das políticas públicas é fundamental. No contexto das finanças, as políticas públicas impulsionam o desenvolvimento econômico e social.

Para promover a reparação na sociedade, é crucial que as normas tributárias indutoras conciliem preceitos fiscais e extrafiscais, visando à promoção de ações sociais.

É necessário educar a sociedade para criar um ambiente político e social favorável a políticas públicas que transformem estruturas de forma consistente e não paliativa, a exemplo do que ocorreu com as questões voltadas à tributação rosa.

Estamos longe de alcançar a finalidade desejada, mas é importante registrar nossos conhecimentos para não permitir que o discurso político de impossibilidade silencie os legítimos anseios daqueles a quem essas políticas se destinam. É necessário reparar economicamente os membros mais vulneráveis da sociedade por todos os meios possíveis, resultando em um efetivo bem-estar social.

E dentro do contexto geral, é necessário uma didatização da sociedade, para que se possa motivar a partir da necessidade de desenvolvimento do país democrático de fato, criar um cenário político social favorável à promoção de políticas, transformando as estruturas com medidas específicas e disruptivas, mais consistentes e capazes de equalizar o "*apartheid*" social econômico-financeiro.

Nesse sentido, é necessário também que a sociedade discuta a tal da meritocracia, uma vez que a ideia de universalidade de direitos e de democracia racial não se sustenta na prática uma vez que as condições de acesso são diferentes. As políticas públicas precisam carregar em sua conjuntura não só reconhecimento da necessidade, mas, também, proporcionar resultado efetivo em um debate sobre como encontrar uma forma de fazer, criar um novo organograma na sociedade que estabilize o crescimento econômico do país, mitigando as mazelas sociais, e esse é um projeto que demanda financiamento da sociedade.

E o caminho não pode ser outro que não a promoção de políticas públicas que tenham o *animus* de viabilizar o desenvolvimento econômico de grupos sociais, historicamente desfavorecidos, assim como as políticas públicas de ação afirmativa e de transmissão de renda, não permanente, ou seja, é necessário a tomada de ações preventivas correlacionadas às várias estruturas do Estado em conjunto, gerando impacto social condizente com os índices de desigualdades, equilibrando a equação, pois quando observamos os índices indicativos que medem a eficiência do crescimento econômico do país, a partir dos resultados das ações afirmativas e de transmissão de renda, resta demonstrado que o resultado é positivo, apesar de não serem suficientes para mitigar as desigualdades por si só.

Logo, essas políticas visam não apenas promover a igualdade de oportunidades, mas também reparar injustiças sociais que impactam o crescimento e o desenvolvimento do país, uma vez que seriam medidas implementadas com o intuito de enfrentar as disparidades sociais que permeiam a sociedade, especialmente em relação a grupos historicamente prejudicados com a própria concepção da estrutura da sociedade brasileira, que excluiu no processo histórico os grupos étnicos do projeto de desenvolvimento, e nesse sentido, as ações de políticas públicas precisam passar a integrar as normas e práticas do mercado econômico-financeiro e do sistema tributário, tal como ocorre com as imunidades e as isenções, que de certo modo promovem garantias constitucionais específicas.

Essas políticas visam não apenas promover a igualdade de oportunidades, mas também reparar injustiças sociais que impactam o crescimento e o desenvolvimento do país, e nesse sentido, as ações precisam passar a integrar as normas e práticas do mercado econômico-financeiro e do sistema tributário.

Um exemplo de políticas afirmativas vinculadas à gestão tributária seria a criação de mecanismos de isenção ou incentivo fiscal, direcionados a mitigar as desigualdades, visando facilitar o acesso a bens essenciais, financiando educação de qualidade e a saúde.

Dessa forma, ao integrar políticas públicas com estratégias de gestão tributária, é possível não apenas promover a igualdade de oportunidades, quando pensamos diversidade e desigualdades, mas também estimular o desenvolvimento econômico.

4. Gestão do sistema de tributação

Na gestão tributária, precisamos incorporar o aspecto humano na equação entre a lei e a necessidade de criar uma interseccionalidade, partindo do pressuposto de que as políticas públicas precisam ser usadas na busca da mitigação das desigualdades, especialmente a econômica e financeira, tanto no que diz respeito ao trabalho, com a valorização da mão de obra, mas, sobretudo diminuindo as discrepâncias do mercado econômico, sob o prisma do direito tributário como agente de inovação e soluções.

A administração do sistema de tributação não se limita apenas ao poder de tributar, mas também requer, de forma absolutamente necessária, a atividade instrumental de administração dos tributos estabelecidos.

Entre todas as atividades intermediárias exercidas pelo Estado, a administração tributária destaca-se como a ferramenta principal para a implementação das atividades essenciais do Estado, consoante os preceitos constitucionais. Não é por acaso que é considerada uma atividade fundamental para o funcionamento do Estado brasileiro.

A relevância da gestão tributária para o Estado brasileiro vai ao encontro da necessidade de torná-lo eficiente na promoção do desenvolvimento equilibrado da economia do país.

5. Desafios na gestão

O sistema tributário apresenta uma complexidade extrema, repleto de distorções e excessivamente burocrático, que acarreta um aumento generalizado no custo de vida e afeta tanto a população quanto o mercado.

Uma gestão tributária estratégica tem o potencial de promover uma mudança positiva na economia, especialmente no contexto das políticas públicas, dadas as características peculiares das desigualdades presentes na sociedade brasileira, como as étnico-raciais, condições de moradia, capital, gênero, territoriais, enfim, múltiplas as faces das desigualdades. Nesse sentido, é crucial considerar a eficiência do sistema tributário e a alocação eficaz dos recursos públicos em benefício da sociedade.

Além disso, diferentemente da regra geral que proíbe a vinculação de receitas de impostos a órgãos, fundos ou despesas específicas, a Constituição Federal estabeleceu que essa regra não se aplica às atividades relacionadas à gestão tributária, conforme princípio da não vinculação de receitas.

Isso porque, pensar em soluções inovadoras com foco nos índices de desenvolvimento e pobreza, pensar no desenvolvimento econômico-financeiro, promover a eficiência do sistema de tributação, reparar as distorções e injustiças que são promovidas pelo nosso sistema quando falamos em incidência e capacidade contributiva, estimular o crescimento e diminuir a necessidade do Estado de subsidiar as necessidades básicas é importante para fomentar o crescimento econômico-financeiro do país.

A conexão entre o sistema econômico e o sistema de tributação deve ser sempre ressaltada, apontando a necessidade de políticas econômicas mais inclusivas e sustentáveis. Atribuir justiça fiscal e abordar desigualdades raciais, sociais e de gênero são temas em destaque nos debates econômicos atuais.

Portanto, a interligação entre o sistema econômico e o sistema de tributação claramente impulsiona e orienta a possibilidade de alcançar uma justiça fiscal efetiva, sem prejudicar a economia e a gestão administrativa tributária. O sistema econômico tributário pode evoluir em consonância com as políticas públicas, reconhecendo e reinventando o modo como o próprio capitalismo se alimenta das desigualdades.

É evidente que a legislação deve abordar a natureza multidisciplinar da questão, pois a prática revela que a conexão entre os sistemas econômico e tributário está intrinsecamente interligada, em um sistema de equilíbrio de pesos e contrapesos.

Além disso, os maiores desafios na gestão incluem a simplificação dos processos, a redução da sonegação fiscal e a promoção de uma carga tributária mais justa. A conexão entre o sistema econômico e o sistema de tributação é ressaltada, apontando a necessidade de políticas econômicas mais inclusivas e sustentáveis.

E se pensarmos em eficiência tributária ao promover políticas públicas de reparação étnico-racial e de gênero, por meio do sistema de tributação, criando meios de diferenciação de tributação sobre a renda e o consumo, que são os grandes vilões no cenário tributário, e concomitantemente beneficiar no âmbito do campo privado o investimento em diversidade, inclusão, aplicando benefícios fiscais, em contrapartida, no âmbito do mercado privado, somando-se assim essas ações e as de cunho afirmativo e de transmissão de renda, o Estado fomentaria de maneira consistente a reparação socioeconômica, por meio de contratações justas, programas de créditos entre outras ações de caráter social, tanto na esfera pública como privada a exemplo do "casback", que é uma das novidades da reforma tributária.

E nesse ponto precisamos tratar, no âmbito complexo da gestão tributária, as questões de tributação rosa, que assim como as políticas públicas afirmativas e de transmissão de renda, enfrenta considerável resistência no contexto político, econômico, tributário e social.

É necessário compreender que as mulheres desempenham um papel crucial, contribuindo significativamente para o orçamento fiscal através de sua participação no mercado de trabalho e empreendedorismo. No entanto, elas enfrentam uma série de obstáculos, como disparidades salariais, acesso limitado a oportunidades de emprego e discriminação de gênero e raça.

Ao alinharmos isso com a realidade do sistema tributário e econômico, percebemos as dificuldades financeiras enfrentadas pelas mulheres, considerando as diversas complexidades que cercam as questões de gênero.

Muitas vezes, as políticas tributárias não levam em conta as diferentes realidades econômicas e sociais das mulheres, resultando em uma carga tributária ainda mais desproporcional, principalmente se levarmos em consideração as questões de economia familiar.

Logo, é para lidar com essas disparidades que é preciso pensarmos economia e políticas fiscais voltadas ao mercado de consumo, tomando por base o gênero e raça, pois o perfil de consumo em famílias chefiadas por mulheres demonstra uma relação direta determinante que reflete as desigualdades de gênero arraigadas na sociedade, já que mulheres gastam mais em necessidades básicas como alimentação, saúde, vestuário, cosméticos e estudo, enquanto homens investem mais em transporte e no aumento patrimonial. Essas disparidades são influenciadas pelas normas sociais de gênero e refletem nas despesas e na carga tributária das famílias na sociedade.

Portanto, a estrutura tributária brasileira e o mercado econômico exacerbam as desigualdades de gênero e classe, evidenciando a necessidade de reformas que considerem tais disparidades para promover uma distribuição mais equitativa da carga tributária. É preciso considerar que, assim como as políticas públicas afirmativas, no caso das cotas e da transmissão de renda por meio de programas voltados ao combate da miséria, já há contemplação na nova reforma tributária dos conceitos e incentivos fiscais, que não só reconhecem o conceito de tributação rosa, mas começaram a pensar em economia e políticas fiscais voltadas para o mercado de consumo com base no gênero, o que é essencial para lidar com essas disparidades.

6. Conclusão

A implementação de políticas públicas eficazes, uma gestão tributária mais justa e medidas reparadoras são passos essenciais para construir uma sociedade mais igual e sustentável. O desafio é grande, mas a necessidade de ação é urgente.

Assim, no que concerne ao contexto do desenvolvimento e racionalização das políticas públicas, essas são os instrumentos e meios pelos quais um governo visa melhorar as condições de vida dessa comunidade. O objetivo é criar um ambiente onde a população possa prosperar economicamente e ter acesso equitativo aos recursos e oportunidades disponíveis na sociedade.

É necessário o diálogo, na nossa atual conjuntura social, ao considerarmos os desafios e perspectivas, que as políticas públicas enfrentam na gestão do sistema de tributação, com foco no crescimento econômico e combate às desigualdades sociais.

O sistema tributário precisa ser o ponto de partida, alinhando-se com as questões econômicas, no que concerne às políticas públicas, para promover e custear substancialmente as ações, pois um sistema de tributação desigual projeta a pobreza em grande escala e, apesar de os números da economia de modo geral serem favoráveis quando pensamos em capital, lucro e crescimento econômico, encontramos nela e no seu exponencial crescimento uma barreira insanável para o crescimento do país diante da alta concentração da renda nas mãos de poucos.

Assim, é preciso compreender que a economia precisa se organizar não só para fomentar o capitalismo neoliberal, mas é necessário que seja pensada para se estruturar, por meio das políticas públicas, a fim de capitalizar a população mais pobre e promover o equilíbrio. E favorecendo a busca pela equidade econômica da população, quando considerada a classe trabalhadora e assalariada.

E no Brasil, quando discutimos políticas públicas e o Estado, propriamente dito, fazemos a partir da lente das desigualdades, quando deveríamos partir da análise e perspectiva das discussões sobre o tema, de forma direcionada focando e integrando esses aspectos às políticas econômicas, fiscais e tributárias, de forma mais abrangente, ou a partir delas, ou seja, partindo de onde não há escassez, projetando o que pode ser alterado para mitigar a pobreza, como um caminho reverso.

E é por isso que, se considerarmos que o sistema tributário é desigual e contribui para disparidades em vários setores da sociedade, quando analisamos os impactos nas esferas micro e macroeconômicas, a promoção de políticas públicas nesse setor é essencial para erradicar desigualdades.

Tomando como ponto de partida as questões sob o âmbito econômico-social, considerando as questões étnico-raciais de gênero e sociais, a carga tributária, mesmo com o advento da nova reforma tributária, continua recaindo desigualmente sobre a renda da população mais pobre, e os números apontam para uma realidade ainda mais desfavorável, sob os reflexos no campo econômico-financeiro dessas pessoas, de tal modo que aumenta ainda mais as desigualdades.

Essa realidade consta nas pesquisas voltadas a estruturar a produção dos índices indicadores de preços, renda, concentração demográfica e socioeconômicos, o que possibilitam correlacionar com os aspectos que fundamentam a necessidade da promoção de políticas públicas, visando à redistribuição de renda, consistente na ideia de pensar a economia e o sistema tributário com base nas necessidades sociais, uma vez que as políticas fiscais e tributárias se mostra um campo potencialmente fértil à criação de soluções inovadoras, no âmbito da gestão econômico-tributária.

É preciso entender essa proposta de criar, no campo econômico financeiro uma solução apta a promover uma reparação eficiente, no que tange, as questões que permeiam as desigualdades raciais, gênero e sociais, exatamente nessa ordem, para então entendermos o impacto positivo que a implementação de políticas públicas no âmbito do complexo sistema tributário pode ter, no que diz respeito aos índices de desigualdades na correlação direta com o crescimento econômico do país.

E gostaria de registrar que, ao longo da minha jornada pessoal, em colaboração com outros profissionais engajados, penso e proponho projetos que visam à promoção de maneira concreta da equidade financeira e econômica de grupos étnicos, em termos razoáveis consistentes com a estrutura e parâmetros constitucionais, tributário e econômico-financeiro, que podem representar um passo significativo na direção certa. A esperança reside na continuidade desses esforços no combate às desigualdades, em prol de uma sociedade mais justa e inclusiva para todos.

Agradeço a todos que contribuíram para essa jornada e espero que juntos possamos continuar avançando rumo a um futuro mais igualitário e promissor.

Referências

ALMEIDA, Silvio Luiz. *Racismo estrutural.* São Paulo: Pólen, 2019.

ALVES, Claudete. *Negros:* O Brasil nos deve milhões: 120 anos de abolição inacabada. 2. ed. São Paulo: Scortecci, 2008.

DAVIS, Angela. *Mulheres, raça e classe*. São Paulo: Boitempo, 2016. Tradução de Heci Regina Candini.

PAULSEN, Leandro. *Curso de Direito Tributário Completo*. 13. ed. São Paulo: Saraiva Jur, 2022.

SILVA, Maria Ozanira da Silva e; YAZBEK, Maria Carmelita; DI GIOVANNI, Geraldo. *A política brasileira no século XXI:* a prevalência dos programas de transferência de renda. São Paulo: Cortez, 2004.

MARTINS, Ives Gandra da Silva. "O princípio da eficiência em matéria tributária". *Revista Scientia Ivridica*. Out. de 2007. Disponível em: https://www.gandramartins.adv.br/project/ives-gandra/public/uploads/2017/09/20/32f2e7arevista_scientia_ivridica__o_principio_da_eficiencia_out2007.pdf.

Os benefícios concedidos em razão de incapacidade à luz da Reforma da Previdência

Verônica da Silva Alves

Introdução

O objetivo deste estudo consiste em demonstrar que uma interpretação sistemática da Legislação Previdenciária pode possibilitar a aplicabilidade do princípio da dignidade da pessoa humana, que é assegurado pela Constituição Federativa do Brasil, no tocante aos benefícios por incapacidade, a fim de que se levem em conta, no momento de concessão dos benefícios, não apenas a limitação da saúde da pessoa, mas também fatores econômicos, culturais, história de vida e universo social do segurado.

Discutir-se-á ainda acerca das mudanças decorrentes da Reforma Previdenciária, onde se faz necessário compreender que a seguridade social não é responsável pela queda acentuada das receitas devido à crise, ou aumento do desemprego e informalidade. Conclui-se, portanto, que esse conjunto de reformas *a priori* atende apenas às demandas de uma minoria da população, cujos interesses são defendidos pela mídia e por um pequeno grupo de economistas que buscam criar falsos consensos e nem sempre asseguram os direitos da dignidade humana pautados por nossa Constituição.

Quanto à concessão do benefício de incapacidade permanente (aposentadoria por invalidez), ela dependerá da realização de perícia médica, a cargo da previdência social, facultando-se ao segurado, às suas expensas, fazer-se acompanhar de perito médico de sua confiança.

Constatada, em perícia médica administrativa, que o segurado padece de incapacidade laborativa de forma total e permanente para toda e qualquer atividade laboral, não havendo prognóstico de reabilitação profissional ou retorno para a atividade habitualmente exercida, a aposentadoria por invalidez será concedida.

Observa-se que em muitos casos, por não ser possível a constatação imediata da impossibilidade de reabilitação profissional, o médico-perito do INSS concede, inicialmente, o auxílio por incapacidade temporária (auxílio-doença). Realizadas perícias de prorrogação ou revisionais, e constatada a incapacidade total e definitiva para o trabalho, o médico-perito poderá converter o auxílio em aposentadoria por invalidez.

Na perícia médica, o segurado será avaliado por perito médico do INSS, que elaborará laudo médico a ser anexado no processo administrativo do benefício por incapacidade, no qual conterá, dentre outras informações: data, horário e local da perícia; a identificação do médico, com o número de sua inscrição no CRM; o histórico da patologia e as considerações acerca da incapacidade.

Hoje temos a portaria conjunta MPS/INSS 38, de 20 de julho de 2023, que disciplina as condições de dispensa da emissão de parecer conclusivo da Perícia Médica Federal quanto à incapacidade laboral e a concessão do benefício por meio de análise documental pelo Instituto Nacional do Seguro Social, de que trata o § 14 do art. 60 da Lei n. 8.213, de 24 de julho de 1991.

O objetivo da concentração dos atendimentos em pedidos realizados pelo Atestmed é *acelerar o processo de redução da fila de requerimentos*, além de incentivar o uso de Atestmed — encontrado no aplicativo ou do *site* "Meu INSS" —, que hoje é o foco do INSS, assim como a adoção da *telemedicina*.

Outrossim, a avaliação da incapacidade laborativa por meio de recepção de documentos se dará nas seguintes hipóteses: nos pedidos de prorrogação do benefício do segurado empregado; ou nas hipóteses de concessão inicial do benefício, quando o segurado, independentemente de ser segurado obrigatório ou facultativo, estiver internado em unidade de saúde (art. 75-A, § 1º, incisos I e II do Decreto n. 3.048/1999).

Concedido ou prorrogado o benefício nessas hipóteses, o INSS poderá convocar o segurado a qualquer tempo para a avaliação pericial.

Outro modo de se verificar a incapacidade laborativa do segurado é por meio de perícia médica hospitalar ou residencial. Nesse caso, realizado o requerimento formal do auxílio-doença, o representante legal do segurado comparecerá com antecedência à Agência da Previdência Social escolhida como a mantenedora do benefício, apresentando o documento de internação hospitalar e outros que comprovem a impossibilidade de o segurado comparecer pessoalmente para a realização da avaliação pericial, procedendo ao protocolo do pedido da perícia no hospital em que estiver internado ou na residência do segurado.

Outro ponto fundamental é que, no caso de doença preexistente e aposentadoria por invalidez, um dos requisitos para a obtenção da aposentadoria por invalidez é a superveniência da incapacidade laborativa, ou seja, a incapacidade para o trabalho ou atividade habitual deverá ser posterior à filiação do segurado ao Regime Geral de Previdência Social.

Muitos trabalhadores padecem de alguma doença ou incapacidade laborativa antes de começarem a contribuir para a Previdência Social, ou seja, antes de sua filiação ao RGPS.

Todavia, ocorre que, após a filiação e cumprimento da carência mínima legal de 12 contribuições (regra geral), o segurado, em razão da patologia que já possuía, vem a requerer benefício por incapacidade. Portanto, pergunta-se: o segurado terá direito à aposentadoria por incapacidade permanente em razão de doença preexistente?

Nesse caso, a doença ou lesão de que o segurado já era portador antes de filiar-se ao RGPS não lhe conferirá direito à aposentadoria por incapacidade permanente, salvo quando a incapacidade sobrevier por motivo de progressão ou agravamento dessa doença ou lesão (art. 42, § 2º da Lei n. 8.213/91).

Importante salientar que, regra geral, a aposentadoria por incapacidade permanente não seja concedida se constatada doença preexistente, salvo se a incapacidade laborativa sobrevier após a filiação ou refiliação ao RGPS.

Desse modo, caso o segurado padeça de doença ou incapacidade laborativa e não seja filiado ao Regime Geral de Previdência Social, ou tenha adquirido doença ou incapacidade quando não mais detinha qualidade de segurado e pretende filiar-se novamente ao RGPS, deverá consultar um advogado especializado em Direito Previdenciário para conduzi-lo no melhor caminho.

Diante do exposto, o objetivo deste estudo é realizar uma análise dos benefícios concedidos em razão de incapacidade à luz da Reforma Previdenciária.

1. Dos benefícios decorrentes de incapacidade

Os principais benefícios incapacitantes estão previstos no art. 18, inciso I, alíneas *"a"*, *"e"*, e *"h"*, e nos arts. 42, 59 e 86 da Lei n. 8.213/91, e são divididos em: auxílio-doença, auxílio-acidente e aposentadoria por invalidez. Além disso, a

CRFB/88 prevê a cobertura dos eventos de doença e invalidez, segundo se infere do art. 201:

> Art. 201 – A previdência social será organizada sob a forma do Regime Geral de Previdência Social, de caráter contributivo e de filiação obrigatória, observados critérios que preservem o equilíbrio financeiro e atuarial, e atenderá, na forma da lei, a: (Redação dada pela Emenda Constitucional n. 103, de 2019)
>
> I – Cobertura dos eventos de incapacidade temporária ou permanente para o trabalho e idade avançada; (Redação dada pela Emenda Constitucional n. 103, de 2019)

Do mesmo modo, o Decreto n. 3.048/99 faz referência aos benefícios por incapacidade, elencando-os nos arts. 43, 71 e 104.

1.1. Auxílio-doença

O beneficio de auxílio-doença está previsto na Lei n. 8.213/1991, em seus arts. 59 a 64 c.c art. 201, I da CF/88, e c.c. arts. 71 a 80 do Decreto n. 3.048/99. Após a reforma o beneficio passou a ser chamado de *Beneficio por Incapacidade temporária.*

Beneficiários

Todos os segurados (obrigatórios e facultativos) terão direito, desde que cumpra com a hipótese de incidência.

Conceito

> Art. 60. O auxílio-doença será devido ao segurado empregado e empresário a contar do 16º (décimo sexto) dia do afastamento da atividade, e no caso dos demais segurados, a contar da data do início da incapacidade e enquanto ele permanecer incapaz.
>
> § 1º Quando requerido por segurado afastado da atividade por mais de 30 (trinta) dias, o auxílio-doença será devido a contar da data da entrada do requerimento.

Para esse benefício, o risco coberto é a incapacidade para o trabalho, advinda de doenças ou acidentes, lembrando que a doença por si só não gera o benefício, sendo necessário a *incapacidade*, por exemplo: eu posso ser diabético e levar uma vida normal, estando apto para o trabalho em razão de a doença estar controlada. Outra situação é um diabético com sequelas em razão da doença que, gradativamente, vai perdendo a visão. Esse sim será considerado incapacitado temporário.

Agora, caso perdesse totalmente a visão, nesse caso levaria a incapacidade permanente (aposentadoria por invalidez).

Outra característica desse benefício é a provisoriedade, como assim se dispõe:

> O auxílio-doença é benefício temporário, pois perdura enquanto houver convicção, por parte da perícia médica, da possibilidade de recuperação ou reabilitação do segurado, com o consequente retorno à atividade remunerada. A grande diferença entre este benefício e a aposentadoria por invalidez diz respeito, justamente, à natureza temporária da incapacidade protegida pelo auxílio-doença, que não existe, em regra, na aposentadoria por invalidez (IBRAHIM, 2011).

Cumpre destacar que o auxílio-doença possui duas espécies distintas. A decorrente de doença (também chamada de auxílio-doença previdenciário) e a decorrente de acidente (também chamada de auxílio-doença acidentário). As diferenças existentes entre uma espécie e outra serão descritas nas linhas que se seguem.

A primeira diferença é que o auxílio-doença acidentário sempre será isento de carência, enquanto o comum exige 12 meses de contribuição, salvo as doenças especificadas em portaria interministerial do Ministério da Saúde. A segunda diferença reside no fato de que no auxílio-doença acidentário, após gozar o benefício, o trabalhador tem garantia de emprego pelo prazo de 12 meses (IBRAHIM, 2011).

É o que dispõe o art. 118 da Lei n. 8.213/1991, nos seguintes termos:

> Art. 118. O segurado que sofreu acidente do trabalho tem garantida, pelo prazo mínimo de doze meses, a manutenção do seu contrato de trabalho na empresa, após a cessação do auxílio-doença acidentário, independentemente de percepção de auxílio-acidente. (BRASIL, 1991)

A terceira diferença é que, enquanto o empregado está em gozo de benefício de auxílio-doença acidentário, a empresa tem obrigação de efetuar os depósitos do FGTS; já no auxílio-doença comum, não há essa obrigação. O Decreto 99.684, de 8 de novembro de 1990, define os casos de interrupção do contrato de trabalho em que deve ser mantido o depósito do FGTS:

> Art. 28. O depósito na conta vinculada do FGTS é obrigatório também nos casos de interrupção do contrato de trabalho prevista em lei, tais como: [...]
>
> III – licença por acidente de trabalho. (BRASIL, 1991)

A quarta diferença é que a competência para julgamento de lides acidentárias é da Justiça Estadual, enquanto as lides que envolverem auxílio-doença comum competem à Justiça Federal. A competência das lides previdenciárias está esculpida no art. 109 da Constituição Federal, nos seguintes termos:

> Art. 109. Aos juízes federais compete processar e julgar:
>
> I – as causas em que a União, entidade autárquica ou empresa pública federal forem interessadas na condição de autoras, rés, assistentes ou oponentes, exceto as de falência, as de acidentes de trabalho e as sujeitas à Justiça Eleitoral e à Justiça do Trabalho. (BRASIL, 1990)

A Medida Provisória n. 664 também dispõe que no decorrer dos primeiros 30 (trinta) dias consecutivos ao do afastamento da atividade por motivo de doença ou de acidente de trabalho ou de qualquer natureza, a empresa será a responsável pelo pagamento do salário ao segurado em sua integralidade (BRASIL, 1988).

Principais alterações com a Reforma da Previdência:

Antes da Reforma da Previdência (até 12.11.2019), o valor do auxílio-doença era equivalente a 91% da média dos 80% maiores salários de contribuição do segurado a partir de julho de 1994.

A partir da reforma, o valor desse benefício passou a ser equivalente a 91% da média de **todos os salários de contribuição** do segurado a partir de julho de 1994. Agora não há mais o descarte dos 20% menores salários de contribuição na hora de calcular o valor do auxílio-doença.

O valor do auxílio-doença tem um **limitador:** o valor do benefício não pode ser superior à média dos salários de contribuição do segurado nos últimos 12 meses.

Essa diferença pode diminuir bastante o valor do benefício do segurado, sendo um retrocesso para aquele que sempre contribuiu e agora, quando mais precisa, tem o valor do seu benefício bem abaixo do que necessita para a sua sobrevivência, tendo que gastar com remédios e cuidar da família.

1.2. Auxílio-acidente

O auxílio-acidente está previsto no art. 86 da Lei n. 8.213/1991, *in verbis*:

> Art. 86. O auxílio-acidente será concedido, como indenização, ao segurado quando, após consolidação das lesões decorrentes de acidente de qualquer natureza, resultarem sequelas que impliquem redução da capacidade para o trabalho que habitualmente exercia. (BRASIL, 1991)

Sobre a natureza indenizatória desse benefício, Ibrahim (2011, p. 101) assim assevera:

> O segurado tem uma sequela decorrente de acidente que reduziu sua capacidade laborativa — daí presume o legislador que este segurado terá uma provável perda remuneratória, cabendo ao seguro social ressarci-lo deste potencial dano. Como a concessão do auxílio-acidente independe da comprovação da real perda remuneratória, evidencia-se sua natureza indenizatória, pois a indenização é paga, em geral, baseada em prejuízos presumidos, como o caso.

Há, aqui, de se destacar que tal benefício não se confunde com o auxílio-doença, uma vez que esse só é devido enquanto o segurado está incapaz para o trabalho, enquanto aquele é devido após a consolidação das lesões ou perturbações funcionais de que foi vítima o acidentado.

No parecer de Kertzman (2013, p. 234):

> O auxílio-doença é cabível quando o segurado encontrar-se incapaz temporariamente para o trabalho, já o auxílio-acidente é cabível nos casos que após o auxílio-doença, restarem lesões no segurado que façam diminuir sua capacidade para o trabalho.

Sobre a data de início do benefício, o § 2º do art. 86 da Lei n. 8.213/1991 assim dispõe:

> O auxílio-acidente será devido a partir do dia seguinte ao da cessação do auxílio-doença, independentemente de qualquer remuneração ou rendimento auferido pelo acidentado, vedada sua acumulação com qualquer aposentadoria. (BRASIL, 1991)

São excluídas da concessão do auxílio-acidente as doenças degenerativas, inerentes à faixa etária. Excluídas, em primeiro lugar, por serem doenças não relacionadas ao trabalho, e, em segundo lugar, é natural que a capacidade laborativa do ser humano vá se reduzindo com a idade; mas nem por isso haverá direito ao auxílio-acidente (IBRAHIM, 2011).

É expressamente vedada a acumulação de auxílio-acidente com qualquer aposentadoria. Ao aposentar-se, o segurado perde esse benefício, que é, contudo, somado ao seu salário de contribuição para fins de cálculo do salário de benefício. Tais disposições são tratadas nos seguintes artigos da Lei n. 8.213/1991:

> Art. 86 § 3º O recebimento de salário ou concessão de outro benefício, exceto de aposentadoria, observado o disposto no § 5º, não prejudicará a continuidade do recebimento do auxílio-acidente.
>
> Art. 31. O valor mensal do auxílio-acidente integra o salário-de-contribuição, para fins de cálculo do salário-de-benefício de qualquer aposentadoria, observado, no que couber, o disposto no art. 29 e no art. 86, § 5º. (BRASIL, 1991)

A renda mensal inicial do auxílio-acidente, conforme o parágrafo primeiro do art. 86 da Lei n. 8.213/1991, corresponde a 50% do salário de benefício, sendo, de regra, devido até a véspera do início de qualquer aposentadoria ou até a data do óbito do segurado.

1.3. Aposentadoria por invalidez

O benefício de aposentadoria por invalidez é uma prestação paga para pessoa que apresentar incapacidade para realizar qualquer atividade profissional de forma total e permanente.

A aposentadoria por invalidez, após a entrada em vigor da Reforma da Previdência (Emenda Constitucional 103/2019), passou a ser denominada *aposentadoria por incapacidade permanente* prevista no art. 42 da Lei n. 8.213/91 (AMORIM, 2020).

De acordo com o dispositivo legal, a aposentadoria por incapacidade permanente será concedida, uma vez cumprida a carência exigida na lei, ao segurado que estiver incapacitado para o trabalho e estiver insuscetível de reabilitação para o exercício de atividade que lhe garanta a subsistência, sendo-lhe pago o benefício enquanto permanecer nessa condição.

De acordo com a autora, o benefício será concedido estando ou não o segurado em gozo de auxílio-doença (atual auxílio por incapacidade temporária) e, caso concedido, o segurado deverá se afastar de toda e qualquer atividade laborativa (AMORIM, 2020).

Nessa toada, instiga-se: quem poderá pedir aposentadoria por invalidez? Ou seja, todos os segurados da Previdência Social têm direito à aposentadoria por incapacidade permanente, devendo, apenas, observar a qualidade de segurado, carência de 12 (doze) contribuições mensais e a prova da incapacidade total e permanente (AMORIM, 2020).

2. Da qualidade de segurado, perda e período de graça

Para Amorim (2020), a qualidade de segurado decorre da filiação ao Regime Geral de Previdência Social — RGPS. O segurado empregado, por exemplo, ao exercer atividade remunerada, estará automaticamente filiado ao RGPS, mesmo que seu empregador ainda não tenha recolhido as contribuições previdenciárias devidas.

O segurado facultativo, por sua vez, somente estará filiado ao RGPS e terá qualidade de segurado se realizar contribuições regularmente à Previdência Social.

Desse modo, manterá qualidade de segurado o empregado enquanto estiver exercendo atividade remunerada (filiação obrigatória), e o segurado facultativo, enquanto estiver pagando suas contribuições previdenciárias de forma regular (filiação espontânea) (AMORIM, 2020).

Para a autora, todavia, algumas situações garantem ao segurado a manutenção da qualidade de segurado mesmo sem o pagamento de contribuições previdenciárias ou o exercício de atividade remunerada. A essa manutenção da qualidade de segurado dá-se o nome de período de graça (AMORIM, 2020).

De acordo com o art. 15 da Lei n. 8.213/91, mantém a qualidade de segurado, independentemente de contribuições:

> I) sem limite de prazo, quem está em gozo de benefício, exceto do auxílio-acidente. Portanto, enquanto estiver recebendo benefício previdenciário, o beneficiário deterá proteção do sistema de Previdência Social.
>
> II) até 12 (doze) meses após a cessação das contribuições, o segurado que deixar de exercer atividade remunerada abrangida pela Previdência Social ou estiver suspenso ou licenciado sem remuneração:

Esse prazo de 12 (doze) meses poderá ser prorrogado para até 24 (vinte e quatro) meses se o segurado já tiver realizado o pagamento de mais de 120 (cento e vinte) contribuições à Previdência Social sem interrupção que acarrete a perda da qualidade de segurado.

Ademais, poderá vir a ser acrescido o prazo de mais 12 (doze) meses se o segurado comprovar a situação de desemprego, pelo registro no órgão próprio da Secretaria de Trabalho, vinculada ao Ministério da Economia.

De acordo com o art. 137, § 4º, da Instrução Normativa 77/2015, o segurado poderá comprovar a sua situação de desemprego por meio do recebimento de seguro-desemprego ou inscrição cadastral no Sistema Nacional de Emprego

— SINE, órgão responsável pela política de emprego nos estados da federação (AMORIM, 2020).

Importante registrar que, somente a ausência de anotação de contrato de trabalho na CTPS não é suficiente para comprovação da situação de desemprego, pois, de acordo com o entendimento do Superior Tribunal de Justiça, a ausência de anotação na Carteira de Trabalho não impede o exercício de atividade informal, ou seja, sem registro (STJ – AgRg no Ag: 1407206 PR 2011/0049117-1, relator(a): Ministra MARIA THEREZA DE ASSIS MOURA, Data de Julgamento: 11/10/2011, T6 – SEXTA TURMA, Data de Publicação: *DJe* 26.10.2011).

Desse modo, o período de graça será assim contado:

> I – 12 (doze) meses, para o segurado que tiver contribuído com menos de 120 contribuições mensais;
>
> II – 24 (vinte e quatro) meses, para o segurado que tiver contribuído com mais de 120 contribuições mensais, ou para o segurado que tiver menos de 120 contribuições mensais, porém que comprove a situação de desemprego; e
>
> III – 36 (trinta e seis) meses, para o segurado com mais de 120 contribuições mensais e comprovar a situação de desemprego involuntário.

Pontua-se que a qualidade do segurado é uma condição atribuída a todo cidadão filiado ao INSS que possua inscrição junto à Previdência Social e realize pagamentos mensais. Equivalente a um seguro social, essa qualidade é uma proteção que o beneficiário faz jus ao adquirir.

Importante também destacar que perder a qualidade de segurado significa romper o vínculo existente entre o segurado e a Previdência Social, não havendo mais direitos e obrigações antes inerentes à qualidade de segurado. Assim, com a perda da qualidade de segurado, o interessado não terá direito aos benefícios de aposentadoria por invalidez.

Todavia, havendo a perda da qualidade de segurado, para fins de concessão de aposentadoria por invalidez, o segurado deverá contar, a partir da data da nova filiação à Previdência Social, com metade da carência exigida, ou seja, deverá efetuar o recolhimento de 6 (seis) contribuições mensais (art. 27-A da Lei n. 8.213/91).

Em relação à qualidade de segurado, o art. 13 do regulamento, após a atualização do Decreto n. 10.410, de 2020, estabelece o seguinte:

> Mantém a qualidade de segurado, independentemente de contribuições:
>
> I – sem limite de prazo, o segurado que estiver em gozo de benefício, exceto na hipótese de auxílio-acidente;

> II – até doze meses após a cessação das contribuições, observado o disposto nos §§ 7º e 8º e no art. 19-E
>
> III – até doze meses após cessar a segregação, o segurado acometido de doença de segregação compulsória;
>
> IV – até doze meses após o livramento, o segurado detido ou recluso;
>
> V – até três meses após o licenciamento, o segurado incorporado às Forças Armadas para prestar serviço militar; e — até seis meses após a cessação das contribuições, o segurado facultativo.
>
> § 1º O prazo do inciso II será prorrogado para até vinte e quatro meses, se o segurado já tiver pago mais de cento e vinte contribuições mensais sem interrupção que acarrete a perda da qualidade de segurado.
>
> § 2º O prazo do inciso II ou do § 1º será acrescido de doze meses para o segurado desempregado, desde que comprovada essa situação por registro no órgão próprio do Ministério do Trabalho e Emprego.
>
> § 3º Durante os prazos deste artigo, o segurado conserva todos os seus direitos perante a previdência social.
>
> § 4º Aplica-se o disposto no inciso II do *caput* e no § 1º ao segurado que se desvincular de regime próprio de previdência social.
>
> § 5º A perda da qualidade de segurado não será considerada para a concessão das aposentadorias por tempo de contribuição e especial.
>
> § 6º Aplica-se o disposto no § 5º à aposentadoria por idade, desde que o segurado conte com, no mínimo, o número de contribuições mensais exigido para efeito de carência na data do requerimento do benefício.
>
> § 7º Para o contribuinte individual, o período de manutenção da qualidade de segurado inicia-se no primeiro dia do mês subsequente ao da última contribuição com valor igual ou superior ao salário-mínimo.
>
> § 8º O segurado que receber remuneração inferior ao limite mínimo mensal do salário de contribuição somente manterá a qualidade de segurado se efetuar os ajustes de complementação, utilização e agrupamento a que se referem o § 1º do art. 19-E e o § 27-A do art. 216. Art. 14. O reconhecimento da perda da qualidade de segurado no termo final dos prazos fixados no art. 13 ocorrerá no dia seguinte ao do vencimento da contribuição do contribuinte individual relativa ao mês imediatamente posterior ao término daqueles prazos.

Ressalta-se que a finitude deste arquivo não foi suficiente para traçar e aprofundar todas as mudanças decorrentes do Decreto n. 10.410/2020, principalmente quando considerarmos que até mesmo a jurisprudência administrativa e judicial não teve tempo hábil para levantar todas as nuances e possíveis críticas, no que tange a essa temática.

O Decreto n. 10.410 de 2020 incluiu o § 1º no art. 19-C do Regulamento, estabelecendo o seguinte: Será computado o tempo intercalado de recebimento de benefício por incapacidade, na forma do disposto no inciso II do *caput* do art. 55 da Lei n. 8.213, de 24 de julho de 1991, exceto para efeito de carência.

2.1. Contribuições previdenciárias não pagas pelo empregador e o período de carência

De acordo com Mendes (2020), no *site* ou aplicativo "Meu INSS" os segurados da Previdência Social têm acesso ao Cadastro Nacional de Informações Sociais (CNIS). Nesse documento, encontra-se todo o histórico laborativo do segurado e os salários de contribuição. Tal documento é indispensável para a análise da carência e para o cálculo da Renda Mensal Inicial do benefício previdenciário.

O segurado empregado, por exemplo, dedica anos de sua vida e força laborativa a determinado empregador em troca de contraprestação salarial. Entre os diversos direitos e deveres trabalhistas decorrentes da relação de emprego, pela lei previdenciária vigente, é responsabilidade da empresa e do empregador doméstico o desconto das contribuições previdenciárias da remuneração de seus empregados e o repasse à Previdência Social (AMORIM, 2020).

Ocorre que, não raramente, os segurados se veem incapacitados para o trabalho, requerem a aposentadoria por invalidez, mas o benefício é indeferido por falta de carência.

Olvida-se que ainda que a empresa e o empregador doméstico não repassem à Previdência Social os valores descontados a título de contribuição previdenciária, a carência será presumida e, portanto, contada a partir da data de filiação ao Regime Geral de Previdência Social (INSS) para o segurado empregado, o empregado doméstico e o trabalhador avulso (lembre-se que, para esses segurados, a filiação é automática a partir do primeiro dia de exercício de atividade remunerada) (MENDES, 2020).

De acordo com o art. 34, I, da Lei n. 8.213/91, na redação dada pela Lei Complementar n. 150/2015, no cálculo do valor da renda mensal do benefício, inclusive o decorrente de acidente de trabalho, serão computados para os segurados empregados, inclusive o doméstico e o trabalhador avulso, os salários de contribuição referentes aos meses de contribuições devidas, ainda que não recolhidas pela empresa ou pelo empregador doméstico, sem prejuízo da respectiva cobrança e da aplicação das penalidades cabíveis.

Ainda de acordo com o art. 127, I, da Lei n. 8.213/91, na redação dada pela Lei Complementar n. 150/2015, para cômputo do período de carência, serão consideradas as contribuições referentes ao período a partir da data de filiação ao RGPS, no caso dos segurados empregados, inclusive os domésticos e dos trabalhadores avulsos (MENDES, 2020).

Portanto, o segurado não será prejudicado e não precisará recolher as contribuições previdenciárias faltantes ou sua totalidade para fins de carência. Quanto à responsabilidade do empregador, por ter deixado de repassar à Previdência Social as contribuições descontadas dos pagamentos efetuados aos segurados, poderá sofrer ação fiscal e ser enquadrado no crime de apropriação indébita previdenciária, previsto no art. 168-A do Código Penal. Carência após a EC 103/2019 (Nova Reforma da Previdência).

Olvida-se que o segurado não pode ser penalizado pelo não recolhimento das contribuições devidas à Previdência Social, porquanto de responsabilidade do empregador, cabendo ao INSS as medidas aptas à exigência dos valores não recolhidos a tempo e modo.

Conclusão

A positivação dos direitos previdenciários diante da promulgação da Constituição de 1988 constitui um grande avanço legislativo brasileiro, que tem como intuito promover princípios de universalidade e uniformidade de cobertura e benefícios, bem como estabelecer um caráter democrático e descentralizado da Administração.

Nesse sentido, vemos a importância dos benefícios previdenciários para a sociedade e para os seus membros que deles necessitam. Percebe-se que é uma prerrogativa garantida tanto pelos tratados internacionais quanto pela própria Constituição do país.

Logo, o pleno exercício da cidadania está relacionado com o estrito gozo dos direitos fundamentais da pessoa humana, dentre os quais os direitos sociais, especialmente aqueles que protegem o indivíduo das vicissitudes da vida.

Nesse contexto, é nítida a relevância do benefício por incapacidade na vida de todos os trabalhadores e cidadãos, visto que ao longo da vida laboral se torna quase certo uma doença e/ou incapacidade. Portanto, esse é um benefício importante em momentos complicados e difíceis na vida do segurado, e que possibilita uma garantia ao segurado no que tange à sua subsistência.

Referências

AMORIM, Ellen. *Aposentadoria por invalidez atualizado com Decreto 10.410/2020.* Disponível em: https://www.saberalei.com.br/aposentadoria. Acesso em: 27 set. 2022.

BRASIL. *Lei n. 8.213, de 24 de julho de 1991.* Dispõe sobre os benefícios da Previdência Social e dá outras providências. Disponível em: http://www.planalto.gov.br. Acesso em: 4 set. 2022.

______. *Decreto n. 99.684, de 8 de novembro de 1990.* Consolida as normas regulamentares do Fundo de Garantia do Tempo de Serviço (FGTS). Disponível em: http://www.planalto.gov.br. Acesso em: 3 set. 2022.

______. Constituição (1988). *Constituição da República Federativa do Brasil.* Brasília: Senado Federal, 1988.

CASSAR, Vólia Bomfim; BORGES, Leonardo Dias. *Comentários à reforma trabalhista.* Rio de Janeiro: Forense; São Paulo: Método, 2017.

FATORELLI, Maria Lúcia. *Previdência Social não é problema é Solução*, 2019. Disponível em: https://www.cee.fiocruz.br. Acesso em: 20 set. 2022.

FONSECA, Rafaela Bortoletto Pinter. *Os benefícios por incapacidade com enfoque no princípio da dignidade humana*, 2011. Disponível em: https://www.bibliotecadigital.unijui.edu.br. Acesso em: 21 set. 2022.

GOES, Hugo. *Manual de Direito Previdenciário.* 14. ed. Rio de Janeiro: Editora Ferreira, 2018. p. 182-183.

IBRAHIM, Fábio Zambitte. *Curso de Direito Previdenciário.* 16. ed. Rio de Janeiro: Impetus, 2011.

KERTZMAN, Ivan. *Curso prático de Direito Previdenciário.* 10. ed. Salvador: JusPodivm, 2013.

MARQUES, João Pedro. *Dano estético e responsabilidade civil.* Rio de Janeiro: Ed. Constante, 2018.

MARTINEZ, Wladimir Novaes. *Comentários à lei básica da Previdência Social.* 4. ed. São Paulo: LTr, 2001.

MENDES, Ana Beatriz Santos. Aposentadoria por incapacidade permanente após a Reforma da Previdência 2020. Disponível em: https://www.conjur.com.br. Acesso em: 30 set. 2022.

MIRANDA, Jediael Galvão. *Direito da Seguridade Social:* Direito Previdenciário, infortunística, assistência social e saúde. Rio de Janeiro: Impetus, 2007.

ROCHA, Daniel Machado da; BALTAZAR JÚNIOR, José Paulo. *Comentários* à *lei de benefícios da Previdência Social.* 12. ed. São Paulo: Atlas, 2014.

SILVA, Homero Batista Mateus. *Comentários à Reforma Trabalhista.* São Paulo: Revista dos Tribunais, 2017.

SILVA, Renata Aparecida Borges Pereira da. *Os impactos da Reforma Previdenciária na desigualdade social*, 2020. Disponível em: http://www.conteudojuridico.com.br. Acesso em: 12 set. 2022.

Tributação e direitos humanos: Classe, gênero e racialidade

Viviane Nogueira de Moraes Danieleski

Introdução

O Direito Tributário é apresentado como uma área técnica do Direito, normalmente precisa, neutra e que traz os comportamentos eleitos como fatos jurídicos tributários extremamente detalhados por conta de seus princípios da legalidade, isonomia e capacidade contributiva.

Todavia, a separação dos ramos do Direito é meramente didática e, ao analisarmos a questão tributária à luz das consequências trazidas para a manutenção das pessoas, conforme as garantias dos direitos humanos, temos a oportunidade de ampliar nosso campo de visão.

O diálogo entre tributação e direitos humanos é construído a partir dos seguintes referenciais teóricos: Mariana Baeta, Dalmo de Abreu Dallari, Eunice Prudente, Eduardo Sabbag, Janet Stotsky, Kimberlé Crenshaw, Sueli Carneiro, Maria Angélica dos Santos, Joana Stelzer, Paulo de Barros Carvalho e Gabriela Kyrillos.

Nesse texto, analisamos o Direito Tributário e os direitos humanos a partir de três aspectos, em primeiro lugar a compreensão de que no Direito Tributário a neutralidade é uma ficção, pois há mecanismos que impõem diferentemente a carga tributária às pessoas de modo desigual, e a cobrança tributária pode ser reconhecida como uma ferramenta legal de exclusão social.

No segundo ponto, abordamos o conceito de regressividade tributária, que corresponde ao fato de que a proporção de pagamento de tributo muda à medida que a renda das pessoas se diferencia, ou seja, quem tem maior renda paga proporcionalmente menos tributo, por isso a neutralidade do sistema é aparente ao privilegiar as pessoas com maior renda. Além disso, reconhecemos outros marcadores de opressão relevantes para a construção de uma tributação justa como a racialidade e o gênero.

Por fim, são abordados critérios de análise para enfrentamento da regressividade tributária que são: racialidade, gênero e classe. Esses marcadores de opressão apontam a regressividade do sistema tributário e auxiliam a apresentar críticas ao sistema, bem como a trazer provocações úteis para pensar soluções ao problema de injustiça tributária.

1. Direito Tributário e garantia dos direitos humanos

O Direito Tributário é o ramo do Direito Público, pois atrelado ao princípio da legalidade previsto no art. 150, inciso I, da Constituição Federal de 1988. O objetivo da tributação é propiciar a arrecadação dos recursos que serão empregados na realização do papel social do Estado de entregar à sociedade segurança, saúde, educação e todos os compromissos estatais em benefício de seus cidadãos. O tributo arrecadado pelo Estado é que alicerça esse poder sobre os cidadãos, e em retribuição ao pagamento, todas as pessoas, sem exceção, deveriam ter acesso aos benefícios indicados.

Conceituar Direito Tributário parece simples, mas o professor Paulo de Barros Carvalho (1998, p. 83) em texto célebre, traz a problemática existente em olhar a ciência do Direito e o próprio Direito Tributário, a partir do fundamento em diversos conceitos, inclusive com a análise do direito comparado, e resume da seguinte forma:

> Entendemos que o Direito Tributário positivo é o ramo didaticamente autônomo do Direito formado pelo conjunto das proposições jurídicas (normativas e não normativas), que correspondam, direta ou indiretamente, à instituição, arrecadação e fiscalização de tributos. Desse modo, caberá à ciência do Direito Tributário descrever esse objeto, na sua estrutura estática e na sua atuação dinâmica, extraindo todas as relações lógicas que possa conter.

De outra parte, direitos humanos existem à medida que as pessoas têm o direito a preservar sua dignidade, e nas palavras de Dalmo de Abreu Dallari (2004, 22) "a expressão direitos humanos é uma forma abreviada de mencionar os direitos fundamentais da pessoa humana". Os tais direitos correspondem ao direito à liberdade, vida, saúde, moradia, entre outros, sem os quais a pessoa não teria condições de existir.

Ocorre que a teoria aparentemente neutra de que o sistema tributário é construído com o fundamento nos princípios da isonomia, legalidade, capacidade contributiva, em que todos os contribuintes seriam enxergados pelo sistema sem nenhuma distinção é uma ficção. Ao olharmos de forma mais detida para os fatos jurídicos que se realizam no mundo fenomênico, percebemos que algumas pessoas são atingidas pelas cobranças de tributos de forma muito mais gravosa que outras, e é por isso que apresentamos esta leitura do sistema e a construção da regressividade.

Ao ler a Constituição Federal de 1988, não é possível deduzir de imediato que exista alguma diferença entre os contribuintes, mas a população sente diferentemente o peso da carga tributária. Embora a contribuição econômica quanto à tributação de consumo seja idêntica, muitas vezes ao não ter acesso aos serviços públicos que deveriam ser fornecidos pelo Estado, a pessoa ainda se sente compelida a adquirir da iniciativa privada o acesso aos referidos bens, o que por si só já representa uma injustiça social.

Para tornar compreensível a estrutura do Estado Social Democrático de direito podemos pensar em alguns passos necessários para a garantia da dignidade humana a partir da ação estatal: 1) o Estado arrecada fundos diretamente da atividade desempenhada pelos cidadãos (particulares), por meio de diversos tributos, porque o desenvolvimento da atividade econômica de modo direto por parte do Estado é uma exceção; 2) os valores arrecadados são classificados e geridos pelo administrador público de acordo com regras específicas referentes ao direito financeiro, lei de responsabilidade fiscal etc.; 3) decisões políticas na escolha do que será implementado a título de políticas públicas, momento no qual se efetivam os valores apresentados durante o período eleitoral para a população, realizando-se a proteção da dignidade humana, orientados tanto pelos ditames constitucionais quanto pelas escolhas dos gestores públicos; 4) análise e alteração do sistema legislativo que seja voltado à concretização da isonomia e não apenas da igualdade formal; entre outras possíveis estratégias.

Em teoria, então, a partir de uma visão positivista do Direito, que o enxergava como neutro, de acordo com o que preconizava a "Teoria Pura do Direito", de Hans Kelsen, o resultado político da arrecadação dos tributos deveria ser a implementação de todos os direitos fundamentais expressos na Constituição Federal de 1988.

Contudo a realidade estampa outra consequência que é, na verdade, o fato de o tributo ser uma ferramenta de manutenção de parte da população na situação de pobreza, falta de acesso a bens de primeira necessidade e uma situação de exclusão que parece estrategicamente criada em lei.

Um primeiro passo para resolver esse problema exige desvelar a situação e olhar o que acontece com a população, além da letra da lei, possibilitando buscar saídas que contemplem uma justiça tributária.

Para fundamentar esse ponto, trazemos dados relevantes acerca do posicionamento dos países sobre a neutralidade do sistema, e do modo como essas questões são levadas em conta para a tomada de decisão. Veja-se a tabela da OCDE[1] sobre abordagens nacionais à política fiscal à equidade de gênero (2022), que mostra as respostas de diversos países sobre o enfrentamento à questão:

Tabela 3.1. Foram implementadas quaisquer políticas/medidas ou reformas fiscais com a equidade de gênero constituindo uma das principais razões para a decisão política?

Número de resposta			Compartilhar países
sim	22	51,2%	Argentina; Bélgica; Estônia; França, Islândia; Indonésia; Irlanda; Israel; Itália; Quênia; Luxemburgo; México; Holanda; Noruega; Arábia Saudita; África do Sul; Espanha; Suécia; Suíça; Ucrânia; Uruguai; Estados Unidos.
não	17	40,5%	Austrália; Áustria; **Brasil**; Canadá; Costa Rica; Croácia; Finlândia; Alemanha; Grécia; Hungria; Montenegro; Nova Zelândia; Peru; Romênia; San Marino; Tunísia; Reino Unido.

Nota: Quatro países (9,3%) não responderam a esta pergunta.

Fonte: Questionário de Avaliação Fiscal e de gênero da OCDE 2021. (Grifo nosso)

De acordo com os dados, para 22 dos 43 países, houve uma preocupação em relação à equidade para a construção dos motivos decisórios das políticas ou reformas fiscais.

O problema da regressividade se mantém porque o Brasil nega sistematicamente vieses discriminatórios implícitos, veja-se que na tabela acima (de 2021) não está entre os países que buscam alinhar a política fiscal a essas questões de equidade relativas a gênero. Conforme a tabela acima, no Brasil o preconceito contra as mulheres não é uma razão de decisão, e se ignora completamente a questão racial, vivida pelas pessoas negras.

---

(1) Organização para a Cooperação e Desenvolvimento Econômico ou Económico é uma organização econômica intergovernamental com 38 países membros, fundada em 1961 para estimular o progresso econômico e o comércio mundial.

Discutir tais problemas é indispensável, pois não nomear as realidades de opressão dificulta encontrar soluções de enfrentamento da injustiça, por isso é relevante a problematização travada neste artigo.

2. Direito Tributário e regressividade

A Constituição Federal de 1988, a partir da Emenda Constitucional n. 132/2023, contempla expressamente que deve ser reduzido o efeito regressivo da tributação por meio da legislação tributária, ou seja, o efeito de que quanto menos a pessoa aufere de renda, proporcionalmente maior será o impacto da tributação sobre o consumo sobre sua renda.

Apesar da aparente neutralidade, a estrutura tributária que parece seguir a regra da isonomia indicada no art. 150, inciso II da CF/88, segundo a qual é vedado "instituir tratamento desigual entre contribuintes que se encontrem em situação equivalente, proibida qualquer distinção em razão de ocupação profissional ou função por eles exercida, independentemente da denominação jurídica dos rendimentos, títulos ou direitos" e o respeito à condição pessoal do contribuinte no que diz respeito à atribuição de um caráter pessoal ao tributo, sempre que possível de acordo com a capacidade econômica dos contribuintes (art. 145, § 1º), em realidade não existe a igualdade efetiva.

Afirmamos que o sistema tem neutralidade aparente, pois privilegia as pessoas com maior renda. Vê-se que na prática a identificação do patrimônio, rendimentos e as atividades econômicas do contribuinte atinge o patrimônio da camada mais pobre da sociedade em maior proporção, e por fim representa descumprimento material da regra constitucional que determina a necessidade de conferir efetividade aos objetivos de delimitação pessoal, que deveriam respeitar os direitos individuais das pessoas.

Efeitos regressivos trazem uma violação aos direitos humanos, pois os mais pobres pagam mais tributos proporcionalmente em relação aos que são mais favorecidos economicamente. De acordo com Mariana Baeta sobre a regressividade (2023, p. 973) "num sistema cuja tributação é focalizada no consumo, a parte superior da pirâmide econômica acaba tendo, proporcionalmente à renda e ao patrimônio, menor incidência tributária".

No mesmo sentido, acrescenta Eduardo Sabbag (2023, p. 130) o seguinte acerca da regressividade fiscal:

> Daí se evidenciar, ano a ano, um Estado brasileiro que se torna cada vez mais financiado pelas classes de menor poder aquisitivo, com a

> população de baixa renda suportando uma elevada tributação indireta, o que contribui para o recrudescimento das desigualdades sociais. Infelizmente, nossa filosofia tributária busca onerar menos a renda e o patrimônio e gravar mais os bens e serviços. Ademais, os tributos indiretos provocam um imediato impacto nos custos e na competitividade das empresas quando veiculam uma tributação cumulativa sobre a produção e a circulação de mercadorias.

Além disso, reduzir os efeitos regressivos do sistema tributário impõe o dever de realizar a justiça tributária (§ 3º do art. 145 da CF/88), pois o texto constitucional alterado na Reforma Tributária pela EC 132/2023 deixa explícito que o sistema pode criar injustiças se não for corretamente manejado pelo Legislativo.

O desafio do enfrentamento às normas que mantêm e aumentam a desigualdade existente entre as pessoas reside em colocar atenção a alguns critérios que podem auxiliar na construção de leis que reduzam as desigualdades. A nosso ver, a justiça tributária somente pode ser construída se reconhecidos os marcadores de opressão (racialidade, gênero e classe), sem os quais é inviável aplicar corretamente as normas de isonomia preconizadas no texto da CF/88.

3. Racialidade, gênero e classe: marcadores de opressão que demonstram a regressividade do sistema tributário

O sistema tributário em geral é apresentado a partir da visão de cidadania universal, com uma visão eurocêntrica, ou seja, o "cidadão padrão" seria o "homem branco". A partir daí, os demais sujeitos não brancos sentem o atravessamento de diversas interseccionalidades, termo criado por Kimberlé Williams Crenshaw, que de acordo com Joana Stelzer e Gabriela Kyrillos (2021) "pode ser compreendida como ferramenta analítica capaz de contribuir para a solução de problemas muitas vezes invisibilizados quando se trata do acesso aos Direitos Humanos".

Não há como analisar a efetivação de justiça sem considerar dados de estrutura da sociedade, estruturalmente marcada por vieses discriminatórios racistas e sexistas. De acordo com Eunice Aparecida de Jesus Prudente (2020, p. 19):

> O sexismo com o racismo é estrutural. Forjados racionalmente e articulados ceifam ideologias igualizadoras. Como enfrentá-los? Informando, educando, formando nova geração de seres humanizados. [...] O patriarcalismo — masculino, branco e endinheirado, sobretudo sugador de verbas públicas — explora nosso povo, minando forças sociais.

Os marcadores de opressão de racialidade, gênero e classe são os critérios necessários para analisar os inúmeros vieses discriminatórios trazidos na legislação tributária. Muitas vezes a própria regra de neutralidade jurídica, reforçada como discurso de suposta igualdade entre os contribuintes, em si representa discriminação racial, de gênero e econômica.

É em razão da complexidade intrincada do sistema discriminatório que se faz necessário dialogar com a produção intelectual de autoras que enfrentam essas questões. Ademais, muitas vezes o legislador não enfrenta diretamente os problemas por questões ideológicas, o que torna nossa legislação tímida no combate à regressividade.

Um texto clássico de Janet Stotsky da década de 1990, que ainda mantém sua atualidade, apresenta os conceitos discriminatórios de gênero (vieses explícitos — que apresentam discriminações expressas em lei prejudiciais às mulheres — e vieses implícitos — decorrentes da estrutura social sexista) a partir de uma análise da legislação da década de 1980 referente a práticas existentes em países diversos, especialmente na Europa Ocidental, os quais buscaram eliminar os vieses discriminatórios explícitos de seus sistemas. Todavia, a autora demonstra que os vieses implícitos são mais desafiadores de alteração nas legislações, pois esbarram em escolhas políticas que visam à manutenção de culturas opressoras. Já referente àquelas realidades historicamente analisadas pela autora, as reformas tributárias buscaram eliminar também os vieses discriminatórios implícitos no tocante à questão de gênero.

A partir do trabalho de Janet Stotsky (1996), é possível então enxergar, por exemplo, que é um viés explícito de gênero a indicação de que na família a declaração deveria ser obrigatoriamente conjunta entre os esponsais, com a renda alocada como propriedade do marido, para a autora "nas regras que regem a alocação de renda compartilhada [...] de isenções, deduções e outras preferências fiscais, bem como na definição de taxas de impostos, a responsabilidade pela declaração do imposto de renda, e a responsabilidade pelo pagamento do imposto". Em relação aos vieses implícitos, há uma maior dificuldade em sua identificação, porque necessitamos de uma análise de valor sobre o que está sendo cobrado a título de tributo e como isso afeta diretamente de modo distinto as pessoas, homens e mulheres.

Um grande debate se fez para a inclusão da proteção da mulher contra a discriminação tributária no texto da Emenda Constitucional 132/2023. A Reforma Tributária explicitamente incluiu o termo "promoção da igualdade entre homens e mulheres" no § 11, do art. 9º, que garante a redução de alíquota em 60% do IBS (imposto sobre bens e serviços) e da CBS (contribuição sobre bens e serviços) incidente, como exemplo, sobre produtos de cuidados básicos à saúde menstrual, e garantiu em sede constitucional uma proteção à mulher.

Os textos de Projeto de Emenda Constitucional (PEC) que continham o termo "gênero" foram afastados e descartados por conta da adoção de uma visão conservadora de parcela do Congresso Nacional, alinhado a pautas políticas avessas a tais questões, e assim as mulheres perderam a oportunidade de deixar explícita a proteção feminina em pontos além da questão da pobreza menstrual. Isso significa um prejuízo na aquisição de legítimos direitos tributários pelo sistema sexista e machista, em que suas oportunidades femininas de trabalho e ganho são reduzidas, e por isso sentem o efeito regressivo da tributação em sua vida.

Além dos marcadores de opressão de gênero, deve ser estudada a questão referente a raça. A questão da racialidade diz respeito às discriminações legais em matéria tributária que foram sendo paulatinamente construídas em um país racista. Sueli Carneiro (2023, p. 134) utiliza o conceito de dispositivo de racialidade, ou seja, uma estrutura que articula elementos múltiplos, constrói o que significa ser negro no Brasil, desencadeia diversas interdições por meio das quais o próprio sujeito é excluído à medida que "o negro não é". Como tratar o negro como cidadão, se outrora foi reconhecido como coisa? E a marca deixada pelo passado de escravização foram os mecanismos de manutenção do negro em situação de condição de subcategoria de cidadania. Os sujeitos racializados são vistos como não sujeitos, e são alijados, com a manutenção de um sistema racista que os relega à condição de pobreza.

Maria Angélica dos Santos (2023) realiza um minucioso estudo sobre as categorias de "mulher" e "contribuinte-cidadão", a autora discute se a mulher negra estaria contemplada pelo Direito Tributário nessa categoria de contribuinte cidadã. Segundo a autora, a mulher negra recebe todos os atravessamentos dos marcadores de opressão, ela não é homem, e sendo mulher, não é branca. Seu trabalho traça uma linha de mudança de *status* social da mulher negra do período escravocrata para a atualidade:

> Embora a escrava de ganho, a mulher preta forra, a escravizada de casa e tantas outras categorias de mulheres negras tenham sim se deslocado juridicamente da condição de coisa para sujeita, *no aspecto tributário, o acúmulo de opressões fiscais que se somam a outros marcadores de opressão como gênero e raça acaba por manter a mulher negra capturada numa condição intermediária entre coisa e sujeita*, um entre-ser, um híbrido, um corpo na fronteira.

> No jargão tributário a sujeita equivale a ser contribuinte-cidadã. Entretanto, *os estudos atuais demonstram que a posição socioeconômica da mulher negra no Brasil é a pior de todas.* (Grifos nossos)

No mesmo sentido, reforçando a necessidade de analisar os atravessamentos raciais como forma de construção da justiça social a partir da tributação, Mariana Baeta (2023, p. 987) sustenta que:

> "[...] uma teoria do direito tributário que pretende incorporar a legitimidade democrática no bojo da análise deve, necessariamente, (i) *apontar como a tributação perpetua o racismo estrutural* [...], (ii) *construir uma teoria jurídica antirracista* [...] capaz de (iii) indicar quais *os caminhos possíveis para o combate ao racismo por meio do direito tributário*". (Grifos nossos)

O terceiro critério de análise é o de classe, que representa a separação das pessoas por diversas camadas sociais a partir de seus rendimentos econômicos. Por seu aparente critério objetivo, foi sobre ele que o legislador constitucional derivado, ao aprovar a Reforma Tributária, inseriu no programa de devolução de IBS e CBS para as populações que se enquadrem nos critérios a serem definidos posteriormente pela lei complementar. A doutrina denomina essa devolução como "*cashback*" com o propósito de reduzir as desigualdades de renda, a qual vem apresentada nos arts. 156-A e 195, inciso V da CF/88:

> Art. 156-A. Lei complementar instituirá imposto sobre bens e serviços de competência compartilhada entre Estados, Distrito Federal e Municípios. § 5º Lei complementar disporá sobre: VIII – as hipóteses de devolução do imposto a pessoas físicas, inclusive os limites e os beneficiários, com o objetivo de reduzir as desigualdades de renda;
>
> § 12. A devolução de que trata o § 5º, VIII, não será considerada nas bases de cálculo de que tratam os arts. 29-A, 198, § 2º, 204, parágrafo único, 212, 212-A, II, e 216, § 6º, não se aplicando a ela, ainda, o disposto no art. 158, IV, "*b*". § 13. A devolução de que trata o § 5º, VIII, será obrigatória nas operações de fornecimento de energia elétrica e de gás liquefeito de petróleo ao consumidor de baixa renda, podendo a lei complementar determinar que seja calculada e concedida no momento da cobrança da operação.
>
> Art. 195. A seguridade social será financiada por toda a sociedade, de forma direta e indireta, nos termos da lei, mediante recursos provenientes dos orçamentos da União, dos Estados, do Distrito Federal e dos Municípios, e das seguintes contribuições sociais: V – sobre bens e serviços, nos termos de lei complementar.

> § 18. Lei estabelecerá as hipóteses de devolução da contribuição prevista no inciso V do *caput* a pessoas físicas, inclusive em relação a limites e beneficiários, com o objetivo de reduzir as desigualdades de renda. § 19. A devolução de que trata o § 18: I – não será computada na receita corrente líquida da União para os fins do disposto nos arts. 100, § 15, 166, §§ 9º, 12 e 17, e 198, § 2º; II – não integrará a base de cálculo para fins do disposto no art. 239." (NR)

Conceitualmente, parece-nos que a tributação, ao incluir um sistema de devolução ("*cashback*"), já aponta uma ausência de capacidade contributiva, o que por si só traria o argumento legítimo de sustentar que as pessoas atravessadas pelos marcadores de opressão (gênero, racialidade e classe) poderiam pleitear o não pagamento de tributos.

Jefferson Nascimento fala do uso da tributação como forma de equilíbrio das desigualdades, e Hélio Santos trata da reparação histórica para o povo negro em debate promovido pela Oxfam Brasil (2023), o que nos dá a dimensão de que se acaso reconhecidas as realidades de racialidade e gênero, elas poderiam ser enfrentadas de modo mais efetivo.

A ausência de enfrentamento das questões apontadas de uma forma mais contundente revela o quão potente é a estrutura existente em nosso país de mecanismos de racismo, sexismo e exclusão social.

Considerações finais

A Reforma Tributária utiliza a ideia de restituição de valores a quem não demonstra capacidade econômica para ser tributado. Além da contradição anteriormente apresentada, resolver ou amenizar um marcador de opressão "classe", não elimina os demais "racialidade" e "gênero".

Além disso, acresce-se o problema do sistema tributário que, por meio das ferramentas burocráticas, afasta os contribuintes que buscam os seus direitos junto ao Estado, tanto administrativamente quanto junto ao Poder Judiciário.

Em síntese, podemos considerar o seguinte:

> (1) se as pessoas são atravessadas por diversos marcadores (racial, gênero e classe), o que dificulta a saída da condição de pobreza, porque cobrar dessas pessoas um tributo, que elas seguramente não teriam condições de pagar, pois isso viola a garantia de mínimo existencial, e portanto viola os direitos humanos?
>
> (2) toda a regulamentação será realizada por meio de lei complementar, que permite uma escolha dos efetivos destinatários das políticas de redução

das desigualdades de renda: escolhas políticas efetuadas longe da proteção constitucional, e menos rígida;

(3) existe historicamente uma escolha política de manutenção de normas inconstitucionais no sistema por ausência de criação de novas leis revogadoras, modulações de julgados que prejudicam o contribuinte e demora de anos e até décadas para o julgamento de questões tributárias; será que guarda alguma efetividade a indicação da possibilidade de devolução de tributos diante desse cenário?

(4) a Reforma Tributária perde uma oportunidade de utilizar a mudança como mecanismo de reparação histórica dos negros por seus antepassados que foram escravizados e deixados sem patrimônio lutando pela sobrevivência.

Essas são as provocações que trazemos ao debate, a fim de que possamos pensar em um sistema tributário efetivo e justo, que possa promover a inclusão e a cidadania de todos, conforme preconizado no texto constitucional, cujo objetivo é a criação de uma sociedade livre, justa e solidária.

Se o Direito Tributário arrecada valores que não são destinados à efetivação de direitos humanos, existe um problema de raiz que diz respeito à própria razão de ser do Estado, o qual deveria prover tanto a estrutura de segurança e liberdade, quanto os direitos para uma existência digna das pessoas sem distinções.

Referências

BAETA, Mariana. "Cashback tributário e desigualdade social". In: *XX Congresso Nacional de Estudos Tributários:* Direito Tributário — fundamentos jurídicos da incidência. CARVALHO, Paulo de Barros (Coord.); SOUZA, Priscila (Org.). São Paulo: Noeses: IBET, 2023.

BRASIL. *Constituição Federal.* Disponível em: https://www.planalto.gov.br/ccivil_03/constituicao/constituicao.htm.

______. *Emenda Constitucional n. 132, de 20 de dezembro de 2023.* Disponível em: https://www.planalto.gov.br/ccivil_03/constituicao/emendas/emc/emc132.htm.

CARNEIRO, Sueli. *Dispositivo de racialidade:* a construção do outro como não ser como fundamento do ser. Rio de Janeiro: Zahar, 2023.

CARVALHO, Paulo de Barros. *Teoria da norma tributária.* São Paulo: Max Limonad, 1998.

DALLARI, Dalmo de Abreu. *Direitos humanos e cidadania.* 2. ed. São Paulo: Moderna, 2004.

SABBAG, Eduardo. “Isonomia e capacidade contributiva perante a regressividade do sistema tributário”. In: MACHADO, Hugo de Brito; MACHADO SEGUNDO, Hugo de Brito; FARIAS MACHADO, Schubert de (Coords.). *Tributação e desigualdade pós-pandemia*. Indaiatuba: Ed. Foco, 2023.

SANTOS, Maria Angélica dos. “De coisa a contribuinte-cidadã — a difícil jornada da mulher negra pela tributação no Brasil”. In: SANTOS, Maria Angélica dos; BARROSO, Nuno (Coords.). *Tributação e desigualdades de gênero e raça* — Diálogo Norte-Sul. Porto: Vida Econômica Editorial, 2023, p. 309.

______. BARROSO, N.; SANTOS, M. A. dos. *Tributação e Desigualdades de género e raça:* Diálogo Norte-Sul. [s.l.] Porto: Vida Econômica Editorial, 2023.

OECD. “Tax Policy and Gender Equality: A Stocktake of Country Approaches: Overview”. Paris: OECD Publishing, 2022. Disponível em: https://www.oecd-ilibrary.org/taxation/tax-policy-and-gender-equality_b8177aea-en.

Oxfam Brasil, 2023. Disponível em: https://www.oxfam.org.br/noticias/reforma-tributaria-e-importante-ferramenta-para-promover-reparacao-historica-a-populacao-negra/.

PRUDENTE, Eunice Aparecida de Jesus. “Prefácio”. In: PIMENTEL, Silvia; ARAÚJO, Simeia de Mello. *Raça e gênero:* discriminações, interseccionalidades e resistências. São Paulo: Educ, 2020.

STELZER, Joana; KYRILLOS, Gabriela M. “Inclusão da interseccionalidade no âmbito dos Direitos Humanos”. *Rev. Direito e Práx.*, Rio de Janeiro, vol. 12, n. 1, 2021, p. 237-262. DOI: 10.1590/2179-8966/2020/44747| ISSN: 2179-8966.

STOTSKY, Janet Gale. “Como os sistemas tributários tratam diferentemente homens e mulheres”. *Finanças & Desenvolvimento*, v. 17 n. 1, 1997.

______. “Gender Bias in Tax Systems (September 1996)”. *IMF Working Paper*, n. 96/99. Disponívle em: https://ssrn.com/abstract=882995.

O futuro é agora: Adotando estratégias de *Environmental, Social* e *Governance* para reinventar a advocacia brasileira

Viviane Scrivani

Nota de agradecimento: Gostaria de expressar minha profunda gratidão aos professores e amigos Jarbas Vargas do Nascimento e Aline Melsone Marcondes Triviño, cujas valiosas contribuições e meticulosa revisão tornaram este artigo possível. Agradeço aos meus pais Rafael Scrivani (sempre vivo em meu coração) e Marlene Scrivani, por me ensinarem a importância do estudo e travarem batalhas diuturnas contra o racismo e, especialmente, a dona do meu Ori, minha Iyá Osun, que me reconectou à minha ancestralidade, resgatando o poder, magnitude e a beleza da mulher preta. Este trabalho é igualmente dedicado a todas as pessoas amigas e as mulheres pretas incríveis que fazem parte da minha trajetória, cuja força, resiliência e inspiração são a base do meu caminho. Sem vocês, este trabalho não teria a mesma essência e significado.

1. Introdução

No atual cenário brasileiro, a adoção de estratégias ESG (sigla em inglês para *Environmental, Social e Governance*, isto é, práticas ambientais, sociais e de governança), transcende os limites tradicionais do setor corporativo, alcançando profissões e setores que, até então, eram menos envolvidos diretamente com essas práticas, como os escritórios de advocacia. Segundo Manzoni (2023),[1] desde os

(1) MANZONI, Pedro Henrique. *A concessão de benefício fiscal como forma de incentivo à implementação de práticas ESG em micro e pequenas empresas*. TCC. Mackenzie, 2023. p. 8.

idos de 2019, o movimento ESG extrapolou os limites do mercado financeiro e de capitais, sendo pauta de diversos debates e ganhando espaço na mídia. A implementação das práticas ESG tornou-se uma preocupação de toda a sociedade.

Alinhados a essa tendência, os escritórios de advocacia vêm incorporando a pauta ESG em suas práticas. Além da necessidade de fornecer uma assessoria jurídica eficiente nessa temática, eles também vêm sofrendo pressões de *stakeholders*[(2)] para operar de maneira socialmente responsável e ambientalmente sustentável. Assim, este capítulo reflete sobre o reconhecimento do papel crucial do setor jurídico na implementação de práticas ESG. Hoje, os clientes não buscam apenas aconselhamento sobre como integrar efetivamente essas práticas em suas operações, mas também procuram por escritórios que evidenciem a internalização de tais práticas, refletindo, assim, a chamada sustentabilidade em cadeia.

Nesse cenário, os escritórios de advocacia no Brasil estão sendo chamados a repensar suas operações e serviços, garantindo que estejam alinhados com as expectativas de um mercado cada vez mais consciente da importância do ESG. A orientação aos clientes sobre questões ESG e, também, a demonstração de tais aspectos pelo próprio escritório, por meio da condução de *due diligence*,[(3)] alinhamento das estratégias com os Objetivos de Desenvolvimento Sustentável (ODS) e prática de governança corporativa tornaram-se essenciais, refletindo a demanda por uma advocacia que não só compreende as complexidades do mundo empresarial moderno, mas também contribui ativamente para o desenvolvimento sustentável.

2. O significado e a importância do ESG na advocacia

O conceito ESG não é recente. Sua origem remonta a 2004, quando o então secretário-geral da ONU, Kofi Annan, convidou 55 das principais instituições financeiras do mundo a integrarem princípios ESG ao mercado financeiro. Esse convite resultou na criação dos relatórios *Who Cares Wins*, do Pacto Global da ONU, e *Freshfields*, que explicitamente incorporaram o termo. A partir desses documentos, ficou claro que a integração de considerações ambientais, sociais e de governança na gestão de ativos e nas decisões de investimento é essencial e deve

(2) Nota da autora: *Stakeholders* é a terminologia da língua inglesa que define a parte interessada, ou seja, todas as pessoas (físicas ou jurídicas), impactadas direta ou indiretamente pelas atividades da organização, podendo ser considerados nessa hipótese os clientes, parceiros, fornecedores, empregados, comunidade jurídica e a sociedade.

(3) Nota da autora: *Due diligence* é o procedimento que visa levantar riscos com a empresa que se pretenda negociar, por meio de uma pesquisa pormenorizada e investigações aprofundadas que compreendem aspectos legais, financeiros, reputacionais, dentre outros, a depender da natureza do negócio.

ser considerada no contexto dos deveres fiduciários dos gestores (LEHMEN *et al*, 2023).[(4)]

A ABNT PR 2030:2022 define ESG como sendo o "conjunto de critérios ambientais, sociais e de governança a serem considerados, na avaliação de riscos, oportunidades e respectivos impactos, com objetivo de nortear atividades, negócios e investimentos sustentáveis" e, a partir dela extrairemos os conceitos dos eixos E, S e G. O *eixo "E"* (*Environmental*, cuja tradução é ambiental), avalia o desempenho ambiental de uma empresa e o impacto de suas atividades no mundo natural. Essa análise inclui 5 temas com 14 critérios: *mudanças climáticas* (mitigação de gases de efeito estufa, adaptação às mudanças climáticas e eficiência energética), *recursos hídricos* (uso de água e gestão de efluentes), *biodiversidade e serviços ecossistêmicos* (conservação e uso sustentável da biodiversidade e uso sustentável do solo), *economia circular e gestão de resíduos* (economia circular e gestão de resíduos)[(5)] e *gestão ambiental e prevenção da poluição* (gestão ambiental, prevenção da poluição sonora — ruídos e vibrações, qualidade do ar — emissão de poluentes, gerenciamento de áreas contaminadas e produtos perigosos) (AVILA, 2023 e LEHMEN *et al*, 2023).[(6)(7)]

Casagrande (2024) pontua que as degradações causadas pelo uso de recursos naturais e acidentes empresariais afetam o meio ambiente e a sociedade. Portanto, a mitigação de externalidades negativas ocasionadas pelo setor produtivo e a solução dos problemas carecem do esforço de todos. O foco está em promover uma

---

(4) LEHMEN, Alessandra; KERN, Drisa; FONTOURA DE MEDEIROS, Fernanda Luisa; DA COSTA MACHADO MOREIRA, Karen; VERRI BORATTI, Larissa; MORAES DE OLIVEIRA, Luciane; AZEVEDO DA SILVA TAVARES, Patrícia. "Guia ESG da Advocacia". *Ordem dos Advogados do Brasil, Seccional do Rio Grande do Sul, Comissão de Direito Ambiental*, [S. l.], ano 2023, p. 8, 1º ago. 2023. Disponível em: https://admsite.oabrs.org.br/arquivos/file_64d40e3c5fe7e.pdf. Acesso em: 12 maio 2024.

(5) Nota da autora: **Economia circular** é um modelo econômico que busca a sustentabilidade através da maximização da eficiência de recursos e a minimização dos impactos ambientais. Neste modelo, produtos, componentes e materiais mantêm seu valor e utilidade pelo maior tempo possível, incentivando a reutilização, reciclagem e recuperação. Já a **gestão de resíduos** é o conjunto de ações destinadas a administrar os resíduos sólidos desde a sua geração até a sua disposição final ambientalmente adequada, incluindo a coleta, transporte, tratamento e destinação final dos resíduos, além da redução na fonte, reutilização e reciclagem.

(6) AVILA, Rafael. "O que é a norma ABNT PR 2030 e como ela vai influenciar o cenário ESG no Brasil: ABNT PR 2030:2022". *Sustentabilidade Agora*, Brasil, 10 abr. 2023. Empresa, p. s/n. Disponível em: https://sustentabilidadeagora.com.br/abnt-pr-2030/#:~:text=Como%20o%20pr%C3%B3prio%20nome%20j%C3%A1,base%20t%C3%A9cnica%20para%20regulamenta%C3%A7%C3%B5es%20futuras. Acesso em: 12 maio 2024.

(7) LEHMEN, Alessandra; KERN, Drisa; FONTOURA DE MEDEIROS, Fernanda Luisa; DA COSTA MACHADO MOREIRA, Karen; VERRI BORATTI, Larissa; MORAES DE OLIVEIRA, Luciane; AZEVEDO DA SILVA TAVARES, Patrícia. "Guia ESG da Advocacia". *Ordem dos Advogados do Brasil, Seccional do Rio Grande do Sul, Comissão de Direito Ambiental*, [S. l.], ano 2023, p. 8, 1 ago. 2023. Disponível em: https://admsite.oabrs.org.br/arquivos/file_64d40e3c5fe7e.pdf. Acesso em: 12 maio 2024.

economia que funcione em harmonia com o meio ambiente, minimizando impactos negativos como a poluição e o desperdício de recursos.

O *eixo "S"* examina como a empresa gerencia as relações com seus empregados, fornecedores, clientes e as comunidades onde opera e, contempla 5 temas com 15 critérios: *diálogo social e desenvolvimento territorial* (investimento social privado, diálogo e engajamento das partes interessadas e impacto social), *direitos humanos* (respeito aos direitos humanos, combate ao trabalho forçado e compulsório e combate ao trabalho infantil), *diversidade, equidade e inclusão* (políticas e práticas de diversidade e equidade, cultura e promoção de inclusão), *relações e práticas de trabalho* (desenvolvimento profissional, saúde e segurança ocupacional, qualidade de vida, liberdade de associação e política de remuneração e benefícios), *promoção de responsabilidade social na cadeia de valor* (relacionamento com consumidores e clientes e relacionamento com fornecedores) (AVILA, 2023 e LEHMEN *et al*, 2023).(8)(9)

Segundo Voltolini (2021, p. 142),(10) *a valorização do ESG coincide, não por acaso, com uma tendência de aumento do ativismo corporativo, isto é, um interesse maior por parte das empresas de participar da solução de problemas da sociedade.* Assim, uma forte orientação social demonstra comprometimento com a criação de um impacto positivo na sociedade. Por sua vez, o *eixo "G"* avalia as diretrizes de *Governança* que, de acordo com Código das Melhores Práticas de Governança,(11) determina a maneira como a empresa é administrada, o que se reflete na sua cultura, políticas e regulamento interno. Ela visa à excelência em gestão e em estratégia empresarial, buscando o equilíbrio entre os interesses de todas as partes, contribuindo positivamente para a sociedade e para o meio ambiente.

Quando as organizações tomam decisões e alocam seus recursos naturais, humanos e financeiros, é essencial considerar como criar valor em longo prazo para beneficiar todas as partes interessadas. Nesse eixo, contamos com 4 temas com 13 critérios: *governança corporativa* (estrutura e composição da governança corporativa,

---

(8) AVILA, Rafael. "O que é a norma ABNT PR 2030 e como ela vai influenciar o cenário ESG no Brasil: ABNT PR 2030:2022". *Sustentabilidade Agora*, Brasil, 10 abr. 2023. Empresa, p. s/n. Disponível em: https://sustentabilidadeagora.com.br/abnt-pr-2030/#:~:text=Como%20o%20pr%C3%B3prio%20nome%20j%C3%A1,base%20t%C3%A9cnica%20para%20regulamenta%C3%A7%C3%B5es%20futuras. Acesso em: 12 maio 2024.

(9) LEHMEN, Alessandra *et al. Op. cit.*

(10) VOLTOLINI, Ricardo. *Vamos falar de ESG?* — Provocações de um pioneiro em sustentabilidade empresarial. Editora Doyen Ltda. Prefixo Editorial: 89686. Número eISBN: 978-65-89686-19-4. Formato *E-book*. p. 142

(11) IBGC — Instituto Brasileiro de Governança Corporativa. *Código de Melhores Práticas de Governança Corporativa*. 6. ed. São Paulo: IBGC, 2023. p. 18-19.

propósito e estratégia em relação à sustentabilidade), *conduta empresarial* (*compliance*, programa de integridade e práticas anticorrupção, práticas de combate à concorrência desleal — antitruste e engajamento das partes interessadas), *práticas de controle e gestão* (gestão de riscos do negócio, controles internos, auditorias interna e externa, ambiente legal e regulatório, gestão de segurança da informação e privacidade de dados pessoais) e, por fim, *transparência na gestão* (responsabilização — prestação de contas ou *accountability* e relatórios ESG, de sustentabilidade e/ou relatório integrado) (AVILA, 2023 e LEHMEN *et al*, 2023).(12),(13)

A partir de tais definições, é crucial discutir a metodologia do processo ESG, garantindo que esses valores se tornem uma realidade tangível.

3. Tornando o ESG uma realidade

Observa-se uma tendência do mercado na incorporação da pauta ESG nos escritórios de advocacia, com uma maior ênfase nos escritórios de grande porte, por atenderem empresas multinacionais ou estrangeiras, que estão sujeitas a rígidos regulamentos. Em relação aos escritórios de médio e pequeno porte — aqui equiparados a microempresários e empresas de pequeno porte ("MPEs") para fins de discussão —, Manzoni (2023)(14) pontua que são descolados dos ideais de implementação de práticas ESG, em grande parte, por motivos econômicos, uma vez que grandes empresas têm departamentos complexos e verbas destinadas para a implementação dessas práticas, e o mesmo já não ocorre nas MPEs, que sofrem com a falta de informação, equipes enxutas, falta de capital e difícil acesso a créditos bancários.

Não pode ser descartado ainda que, assim como as MPEs, escritórios desse porte experimentam um sentimento de não pertencimento, já que as exigências do mercado são destinadas, em sua grande maioria, aos grandes escritórios, pelos motivos já expostos. No entanto, a integração dos princípios ESG é cada vez mais crucial. Sob a ótica legal, escritórios de advocacia precisam estar alinhados com regulamentações e leis que demandem práticas sustentáveis e éticas, não apenas para si mesmos, mas também para orientar seus clientes, refletindo a demanda por uma advocacia que contribua para a proteção ambiental, a justiça social e a governança corporativa.

No aspecto mercadológico, escritórios que demonstram compromisso com ESG atraem clientes que valorizam a sustentabilidade e a ética, posicionando-se como referências no mercado jurídico, e a aplicação de tais diretrizes trará maior

(12) AVILA, Rafael. *Op. cit.*

(13) LEHMEN, Alessandra *et al. Op. cit.*

(14) Manzoni, Pedro Henrique. *A concessão de benefício fiscal como forma de incentivo à implementação de práticas ESG em micro e pequenas empresas*. TCC. Mackenzie, 2023. p. 8.

competitividade entre escritórios de grande, médio e pequeno porte. Além disso, a atuação em conformidade com os critérios ESG pode abrir novas áreas de especialização jurídica, como consultoria em sustentabilidade para empresas que buscam alinhar-se às expectativas de investidores e consumidores conscientes. E como abraçar essa transformação e aplicar essas diretrizes nos escritórios?

A McKinsey & Company, uma empresa de consultoria empresarial americana que aconselha empresas, governos e outras organizações em consultoria estratégica, aborda ESG como um processo evolutivo e não um resultado, apresentando alguns passos para desenvolver esse processo, conforme ilustração abaixo:[15]

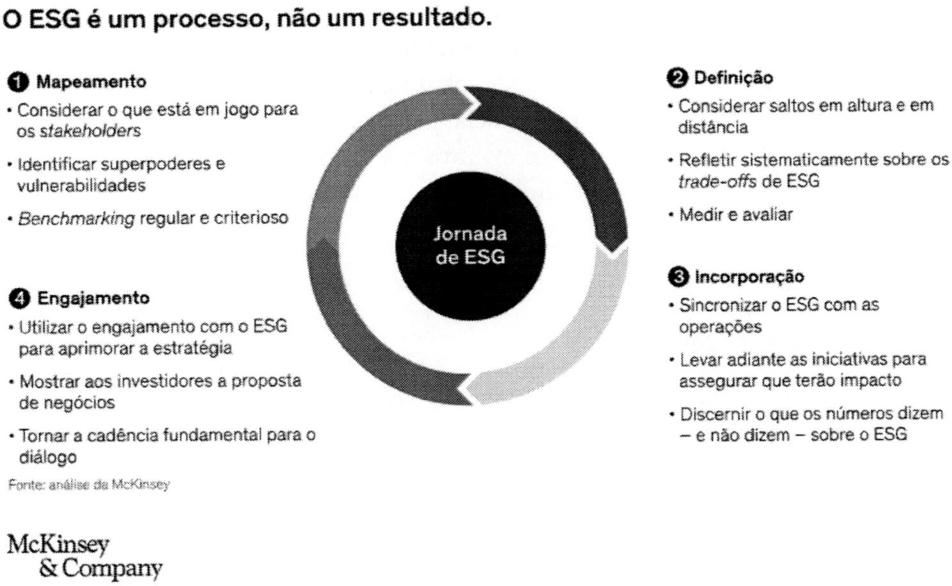

Para melhor compreensão, abordamos sucintamente cada uma das etapas apontadas pela McKinsey & Company, desde já alertando que tais diretrizes são aplicadas a grandes corporações, servindo, portanto, como meio de nortear a aplicação de ESG.

Etapa 1 — Mapeamento

Adaptando ao presente estudo a memorável frase de Lewis Carroll em sua obra *Alice no País das Maravilhas*,[16] ousamos consignar que "*Para quem não sabe*

(15) PÉREZ, Lucy; HUNT, Dame Vivian; SAMANDARI, Hamid; NUTTALL, Robin; BELLONE, Donatela. "Como tornar o ESG uma realidade". [*S. l.*], 10 ago. 2022. Disponível em: https://www.mckinsey.com/featured-insights/destaques/como-tornar-o-esg-uma-realidade/pt. Acesso em: 11 maio 2024.

(16) Nota da autora: Lewis Carroll cita a frase "*Para quem não sabe para onde vai, qualquer caminho*

onde está, qualquer estratégia falhará". Isso porque, antes de qualquer ação, é necessário avaliar quais são os *stakeholders* envolvidos e identificar os "superpoderes" e as "vulnerabilidades", como apontado no processo ilustrado pela McKinsey. Superpoderes são as capacidades específicas da empresa que permitem ter um impacto diferenciado, já as vulnerabilidades são as expectativas fundamentais que os *stakeholders* mais críticos exigem que a empresa atenda à luz de seu modelo de negócio (PÉREZ, HUNT, SAMANDARI, NUTTALL e BELLONE, 2022).

Realizando uma breve análise dos Objetivos de Desenvolvimento Sustentável (ODS)(17)(18) e da natureza das atividades desenvolvidas pelos escritórios de advocacia, é possível extrair alguns exemplos de contribuições, analisadas neste cenário, como superpoderes e vulnerabilidades. Os escritórios têm a capacidade de contribuir diretamente para a construção de uma sociedade mais pacífica e justa (ODS 16), a partir do fortalecimento de instituições e adoções de práticas responsáveis e transparentes, atuar na frente social por meio da redução de desigualdades sociais (ODS 10), inclusão de gênero e outros marcadores de diversidade (ODS 5), com iniciativas que atinjam o público interno e as comunidades no entorno.

Por fim, é de vital importância realizar uma análise do mercado, identificando as iniciativas mais importantes para cada modelo de negócio.

Etapa 2 — Definição

A partir do mapeamento, é essencial a *definição* da estratégia a ser adotada, avaliando os "saltos" que os escritórios podem realizar tanto em termos de alcance como de impacto. Isso significa identificar as capacidades atuais na implementação de práticas ESG e entender as limitações que podem precisar de investimentos adicionais ou de uma abordagem estratégica ajustada, de acordo com a realidade vivenciada por escritório de pequeno, médio e grande porte.

É importante ter em mente que o estrito cumprimento de regramentos legais não é uma expectativa ESG, já que devem ser cumpridos em todas as circunstâncias. Assim, o olhar deve ser lançado para as expectativas da sociedade, podendo ser citado no segmento jurídico a prática de serviços *pro bono*, que começou a ganhar mais forma e estrutura a partir da década de 2000, com a criação do Instituto Pro Bono,(19) organização com uma crescente aceitação e integração dessas práticas em grandes escritórios de advocacia.

---

serve", fazendo referência à cena em que Alice, que está perdida, para em frente a uma bifurcação e pergunta ao Gato Cheshirepara onde aqueles caminhos a levam.

(17) Disponível em: https://odsbrasil.gov.br/.

(18) Nota da autora: A ODS faz parte da agenda 2030, pacto global assinado pelos países membros da ONU, em que foram estabelecidos 17 objetivos para promoção do crescimento sustentável até 2030.

(19) Dsponível em: https://www.probono.org.br/sobre-nos/.

Vale pontuar que as empresas que focam no futuro não ignoram as *trade-off*[20] inerentes à abordagem de ESG. Ao analisarem seus modelos de negócio, elas reconhecem os benefícios e custos, incluindo os custos da inação, reconhecendo que as expectativas sociais estão em constante evolução. Essa abordagem estratégica permite que equilibrem os interesses de diferentes partes interessadas e promovam um impacto positivo duradouro (PÉREZ, HUNT, SAMANDARI, NUTTALL e BELLONE, 2022).

Por fim, a *definição* compreende a medição eficaz do desempenho, avaliando metas em curto e longo prazo, adotando marcos decisivos claros, atentos a KPI's (sigla adotada para *Key Performance Indicators*, cuja tradução é Indicadores-Chave de Desempenho) consistentes e visando alcançar objetivos alinhados ao modelo de negócios (por exemplo, atingir equidade de gênero e racial, reduzir a utilização de papéis, dar uma destinação adequada aos resíduos produzidos).

Para atingir uma avaliação de progresso eficaz, é necessário definir rotinas de monitoramento do progresso no alcance das metas e atribuir as responsabilidades pela execução dessas rotinas, incluindo a aferição dos indicadores, a periodicidade e formato dos relatórios da gestão (TCU, 2021).[21]

Etapa 3 — Incorporação

Ultrapassadas as etapas de mapeamento e definição, é essencial a *incorporação* das iniciativas ESG tanto no propósito, como nas relações operacionais dos escritórios, encontrando um equilíbrio entre esses dois pilares para obtenção do sucesso. PÉREZ, HUNT, SAMANDARI, NUTTALL e BELLONE[22] trazem o exemplo do *turnaround* da Best Buy, liderado por Hubert Joly, ilustrando que, mesmo com um propósito claro de contribuir para o bem comum, a empresa concentrou seus esforços em resolver questões operacionais urgentes antes de aprimorar seu propósito, e identificam as cinco principais fontes de oportunidades:

1. *Estratégia de portfólio e produtos:* os produtos e serviços que uma organização fornece e suas escolhas de "onde participar" e "como participar" para melhor atender os clientes.

(20) Nota da autora: *trade-off* é o nome que se dá a uma decisão que consiste na escolha de uma opção em detrimento de outra.

(21) TCU — Tribunal de Contas da União. *Dez passos para a boa governança*. 2. ed. Brasília: TCU, Secretaria de Controle Externo da Administração do Estado, 2021. p. 32.

(22) PÉREZ, Lucy; HUNT, Dame Vivian; SAMANDARI, Hamid; NUTTALL, Robin; BELLONE, Donatela. "Como tornar o ESG uma realidade". [*S. l.*], 10 ago. 2022. Disponível em: https://www.mckinsey.com/featured-insights/destaques/como-tornar-o-esg-uma-realidade/pt. Acesso em: 11 maio 2024.

2. *Pessoas e cultura:* os talentos — e a maneira de gerenciar talentos — que uma empresa implanta.

3. *Processos e sistemas:* os processos operacionais que a empresa adapta para cumprir as metas de ESG.

4. *Métricas de desempenho:* as métricas-alvo e os incentivos que medirão o que a empresa deseja alcançar, como ela está progredindo e a maneira como cria e distribui incentivos para executar iniciativas de ESG.

5. *Posições e engajamento:* como a organização alinha suas posições e afiliações externas para manter-se consistente com suas prioridades de ESG e concretizá-las.

Ainda seguindo as diretrizes estabelecidas pela McKinsey, é importante atingir a cadência das iniciativas ESG e, para tanto, podem ser incluídas ações de incentivo monetário, como desenvolvimento de pacotes remuneratórios à liderança, atrelados ao alcance de objetivos específicos de ESG, lembrando que as métricas a ela atreladas sofrem constantes reformulações. As empresas focadas no futuro estão atentas aos padrões regulatórios de sustentabilidade como o *International Financial Reporting Standards* (IFRS) e *Global Reporting Initiative* (GRI), ainda que não sujeitas a tais regras, com intuito de nortear suas ações e mensurar seus resultados, como se extrai de alguns relatórios sociais publicados por grandes escritórios de advocacia.

Etapa 4 — Engajamento

A última etapa apresentada no processo McKinsey é o *engajamento e comprometimento das lideranças*, por serem "fundamentais para que os valores de integridade sejam incorporados às práticas da organização e de seus colaboradores"(23) (TCU, 2021, p. 24). O artigo *Transformational Leadership, Organizational Innovation, and ESG Performance: Evidence from SMEs in China* de Jin Zhu e Fei Huang, publicado na revista *Sustainability*, em 2023,(24) explora a influência da liderança transformacional no desempenho ESG de pequenas e médias empresas (PMEs) na China. Uma das teorias trazidas na pesquisa, denominada *Teoria de Bass*, destaca quatro dimensões essenciais dos líderes transformacionais: influência idealizada ou carisma, motivação inspiradora, estímulo intelectual e consideração individualizada.

---

(23) TCU — Tribunal de Contas da União. *Dez passos para a boa governança*. 2. ed. Brasília: TCU, Secretaria de Controle Externo da Administração do Estado, 2021.

(24) ZHU, Jin; HUANG, Fei. "Liderança transformacional, inovação organizacional e desempenho ESG: Evidências de PMEs na China". Sustentabilidade, 15, n. 7: 5756, 2023. https://doi.org/10.3390/su15075756.

Esses líderes comunicam uma visão clara em relação à responsabilidade ambiental, integram o desempenho ambiental ao planejamento estratégico corporativo e criam uma identidade coletiva alinhada com a responsabilidade social corporativa. Dessa forma, os seguidores são motivados a se engajarem às diretrizes ESG.

O estudo de PÉREZ, HUNT, SAMANDARI, NUTTALL e BELLONE[(25)] retrata a importância de mostrar aos investidores (neste caso, clientes) a proposta de negócios com intuito de evidenciar claramente que o ESG é um compromisso palpável. Sob essa ótica, é cada vez mais frequente que os clientes, durante o processo de *due diligence* dos escritórios de advocacia, questionem e solicitem evidências das iniciativas ESG, seja antes ou ao longo da prestação de serviços.

Com o comprometimento da liderança, avançamos para a *capacitação e treinamento*. Segundo a análise do AIMA,[(26)] a educação e o treinamento em ESG são essenciais para incorporar os fatores ESG na cultura organizacional, tornando os colaboradores, independentemente de seu nível hierárquico, parte integrante das práticas de investimento e operações diárias.

A partir das etapas supramencionadas, apresentaremos algumas sugestões de rotas para que os escritórios de advocacia possam navegar com integridade e responsabilidade diante dos desafios da prática jurídica moderna, logicamente, devendo ser avaliada sob um aspecto geral, uma vez que não pode ser desconsiderada a realidade específica de cada escritório, como por exemplo a sociedade unipessoal. Logo, não pode ser descartada a dosimetria das medidas sugeridas, mas é importante pontuar que a incorporação de estratégias ESG, além de evidenciar um compromisso sólido com a liderança na construção de uma sociedade mais justa, sustentável e aberta, impacta significativamente na estratégia do negócio, promovendo um leque mais amplo de perspectivas, habilidades e inovações, fazendo com que os escritórios sejam capazes de compreender melhor as necessidades de seus clientes e do mercado.

Com base nas diretrizes trazidas, como avaliar o nível de maturidade ESG? Rafael Ávila, CEO e cofundador da Sustentabilidade Agora, ilustrou os estágios

---

(25) PÉREZ, Lucy; HUNT, Dame Vivian; SAMANDARI, Hamid; NUTTALL, Robin; BELLONE, Donatela. "Como tornar o ESG uma realidade". [*S. l.*], 10 ago. 2022. Disponível em: https://www.mckinsey.com/featured-insights/destaques/como-tornar-o-esg-uma-realidade/pt. Acesso em: 11 maio 2024.

(26) INTEGRAÇÃO ESG em alta: e como implementá-la em seu portfólio. *AIMA Journal*, Inglaterra, n. 114, p. 16-20, 23 abr. 2018. Disponível em: https://www.aima.org/journal/aima-journal-edition-114/article/esg-integration-on-the-rise-and-how-to-implement-it-in-your-portfolio.html. Acesso em: 11 maio 2024.

de maturidade ESG, adotando as diretrizes da ABNT PR 2030, da seguinte maneira:

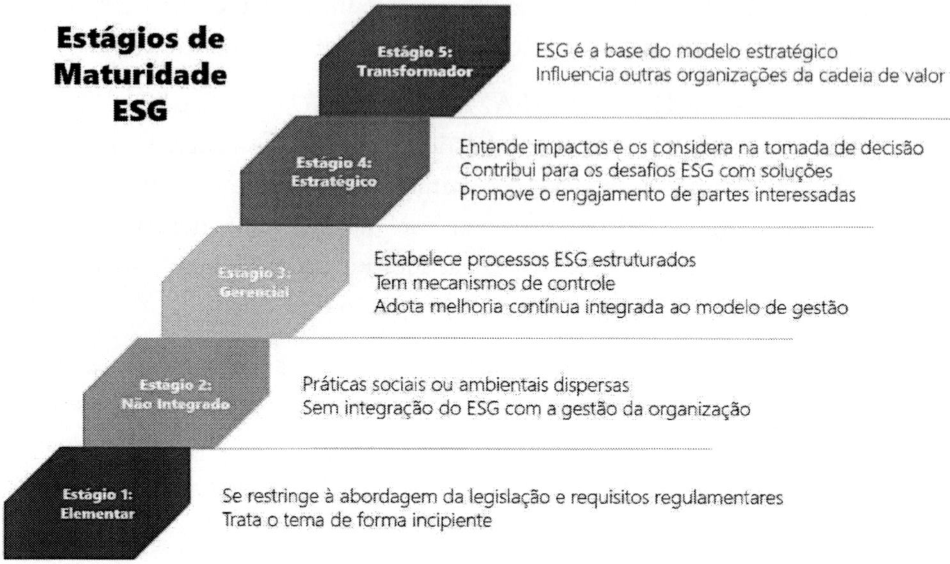

Fonte: Perfil de Rafael Ávila na plataforma *LinkedIn*(27)

Casagrande (2024, p. 17 e 18),(28) apresenta um quadro de perguntas, extraídas do "*ESG investing: a complete guide*", de Gerardus Blokdyk, permitindo que as empresas avaliem suas práticas ESG:

Quadro 1: Perguntas para diagnósticos de projetos do ESG *investing*

1. A sua empresa possui uma equipe treinada, apoiada e comprometida em trabalhar nas melhorias ESG?
2. Como a equipe está acompanhando e documentando o seu trabalho?
3. Qual é a qualidade dos relatórios ESG?
4. Existem questões ESG que podem prejudicar as operações da sua organização?
5. Quais são os maiores desafios para abordar ESG como uma questão estratégica na sua empresa?
6. Existem questões ESG específicas nas quais você precisa colaborar como indústria?
7. Como os objetivos do ESG estão alinhados com a estratégia geral de *stakeholders* da organização?
8. Quais questões ESG você geralmente considera em due diligence na cadeia de fornecedores?

---

(27) AVILA, Rafael. "5 estágios da maturidade ESG". *LinkedIn*, 1º jan. 2024. Disponível em: https://www.linkedin.com/feed/update/urn:li:activity:7137411811774992384/. Acesso em: 11 maio 2024.

(28) CASAGRANDE, Rodrigo Moreira. *Environmental, Social and Corporate Governance*. Rio de Janeiro: FGV, 2024.

Conforme os indicadores e diagnósticos de projetos ESG são avaliados, evidencia-se que a incorporação de tais práticas não se limita a uma responsabilidade, mas uma oportunidade significativa para os escritórios, os quais estão especialmente posicionados para liderar pelo exemplo, não apenas adotando práticas ESG, mas também influenciando positivamente seus clientes e a comunidade jurídica mais ampla.

4. Benefícios e impactos

A adoção de práticas ESG, embora enraizada em preceitos éticos, se desdobra em uma série de benefícios operacionais, regulatórios e estratégicos para escritórios de advocacia. A B3 desenvolveu um guia prático denominado "Sustentabilidade e Gestão ASG nas Empresas: Como começar, quem envolver e o que priorizar",[29] apresentando, dentre outros aspectos, as *Oportunidades decorrentes da sustentabilidade e da agenda ASG,* os quais passamos a discorrer sinteticamente, realizando uma análise comparativa com os escritórios de advocacia.

Geração de receita

A adoção de práticas ESG gera a adaptação dos serviços oferecidos, possibilitando o atendimento de novas demandas dos clientes, desenvolvimento de novos serviços, acessando mercados até então não explorados e resultando na fidelização de clientes. A implementação efetiva de tais estratégias atrai clientes que priorizam parceiros jurídicos, cujas operações ressoam com princípios de sustentabilidade e ética corporativa, representando 34% das vantagens em manter uma agenda ESG, de acordo com os recrutadores da empresa Robert Half.[30]

Redução de custos

As iniciativas ESG também otimizam os recursos naturais na prestação de serviços, como, por exemplo, a redução do consumo de papel e energia, por meio da digitalização dos processos, adoção de sensores de presença, painéis e lâmpadas de LED, entre outros. Além disso, a redução também pode ser identificada na redução de custos trabalhistas relacionados ao absenteísmo decorrente de doenças

(29) B3 (Brasil). "Sustentabilidade e gestão ASG nas empresas: Como começar, quem envolver e o que priorizar". *Guia ESG | B3*, Brasil, p. 11, 22 set. 2022. Disponível em: https://pt.scribd.com/document/603561169/Guia-B3-Sustentabilidade-ASG-v2209-VF. Acesso em: 11 maio 2024.

(30) HALF, Robert. "ESG: o que é e quais são suas vantagens para a empresa". [*S. l.*], 14 jul. 2021. Disponível em: https://www.roberthalf.com/br/pt/insights/carreira/esg-o-que-e-e-quais-sao-suas-vantagens-para-empresa-rc#:~:text=As%20organiza%C3%A7%C3%B5es%20que%20adotam%20pr%C3%A1ticas,empresa%20ter%20boas%20iniciativas%20ESG. Acesso em: 7 maio 2024.

e acidentes de trabalho ou, ainda, com a folha de pagamento, mediante a redução do número de horas extras praticadas pelos empregados. Assim, tal integração contribui para a solidez financeira dos escritórios, mitigando riscos associados a questões ambientais, sociais e de governança. Em longo prazo, essa abordagem garante uma vantagem competitiva sustentável, posicionando o escritório na vanguarda do setor jurídico.

Desenvolvimento do capital humano e social

A adoção de políticas ESG promove uma cultura corporativa coesa, fundamentada em valores compartilhados de justiça, equidade e responsabilidade ambiental. Tal ambiente fomenta o engajamento e a satisfação dos colaboradores, elementos cruciais para a sustentação de uma prática jurídica eficaz e humanizada. A facilidade na atração de profissionais altamente qualificados e motivados por valores semelhantes, promovendo um ambiente de trabalho rico em diversidade e empenho social, representa 33% da relação das vantagens de manutenção da agenda ESG, segundo pesquisa realizada pela empresa de recrutamento Robert Half.(31)

A diversidade de pensamento e experiência também fomenta a inovação. A adoção de estratégia ESG promove a diversidade de gênero, etnia, orientação sexual e habilidades, gerando maior probabilidade de ideias criativas, tanto no aprimoramento de processos internos quanto na exploração de novos nichos de mercado. Escritórios de advocacia são impelidos a desenvolver soluções jurídicas inovadoras, abordando questões emergentes de sustentabilidade e responsabilidade social, o que pode resultar na ampliação de suas áreas de atuação.

O desenvolvimento no capital humano e social gera a disseminação de uma cultura organizacional mais humanizada e livre de discriminação e assédios, refletindo na retenção de talentos, reputação perante os clientes, um ambiente colaborativo de mútuo apoio, gerando maior identificação dos *stakeholders* com os objetivos do escritório.

Mitigação de riscos

A aderência às diretrizes ESG coloca os escritórios de advocacia em vantagem regulatória, assegurando conformidade com legislações ambientais, sociais e

---

(31) HALF, Robert. "ESG: o que é e quais são suas vantagens para a empresa". [*S. l.*], 14 jul. 2021. Disponível em: https://www.roberthalf.com/br/pt/insights/carreira/esg-o-que-e-e-quais-sao-suas-vantagens-para-empresa-rc#:~:text=As%20organiza%C3%A7%C3%B5es%20que%20adotam%20pr%C3%A1ticas,empresa%20ter%20boas%20iniciativas%20ESG. Acesso em: 7 maio 2024.

de governança cada vez mais rigorosas. Essa proatividade não só evita contingências legais e financeiras, mas também reafirma o papel do escritório como referência em práticas de *compliance* e ética empresarial, implicando a redução de contenciosos trabalhistas, da exposição a riscos operacionais, além de socioambientais.

O relatório do *International Sustainable Finance Center* (Centro Internacional de Finanças Sustentáveis) aborda a amplificação das questões sociais no contexto ESG, contestando a ideia de que os direitos humanos são apenas uma consideração ética, ressaltando que as questões sociais podem representar riscos significativos para os negócios tão relevantes quanto as questões ambientais e que essa relevância tende a aumentar no futuro (LEHMEN *et al*, 2023).(32) Essa integração contribui para a solidez financeira dos escritórios, mitigando riscos associados a questões ambientais, sociais e de governança. Em longo prazo, essa abordagem garante uma vantagem competitiva sustentável, posicionando o escritório na vanguarda do setor jurídico.

Atendimento e antecipação de demandas legais e regulatórias

Qual é o papel do advogado de ESG? Que oportunidades a agenda ESG traz para a advocacia? Há duas frentes principais em que a participação do advogado de ESG será vital: na avaliação das materialidades que impactam o desempenho ESG de seus clientes de todos os portes, setores econômicos e áreas geográficas, ajudando-os a navegar em um ambiente regulatório cada vez mais complexo, e atuando em processos judiciais e extrajudiciais, que questionem aspectos vinculados a ESG (LEHMEN *et al*, 2023).(33)

Além disso, escritórios com *expertise* em ESG também podem defender proativamente mudanças favoráveis na legislação e nas políticas públicas, incluindo engajamento por meio de diálogos com legisladores e reguladores, influenciando o desenvolvimento de normas que beneficiem o ambiente de negócios e a sociedade como um todo. Tal envolvimento não só reforça a conformidade regulatória, como também posiciona o escritório como líder em responsabilidade corporativa e advocacia, enriquecendo, por conseguinte, sua reputação e fortalecendo sua marca no mercado competitivo.

---

(32) LEHMEN, Alessandra; KERN, Drisa; FONTOURA DE MEDEIROS, Fernanda Luisa; DA COSTA MACHADO MOREIRA, Karen; VERRI BORATTI, Larissa; MORAES DE OLIVEIRA, Luciane; AZEVEDO DA SILVA TAVARES, Patrícia. "Guia ESG da Advocacia". *Ordem dos Advogados do Brasil, Seccional do Rio Grande do Sul, Comissão de Direito Ambiental*, [S. l.], ano 2023, p. 8, 1º ago. 2023. Disponível em: https://admsite.oabrs.org.br/arquivos/file_64d40e3c5fe7e.pdf. Acesso em: 12 maio 2024.

(33) *Idem*.

Melhoria da reputação e da imagem

O alinhamento a práticas ESG reflete diretamente na *reputação* dos escritórios de advocacia, estabelecendo-os como entidades comprometidas com a sustentabilidade e a responsabilidade social, gerando uma melhora da imagem da empresa, de acordo com 55% dos entrevistados em uma pesquisa realizada pela Robert Half.[34] Atualmente, a reputação empresarial está cada vez mais em voga, especialmente em razão da exponencial expansão das mídias sociais que desencadearam a ultraglobalização da informação, com exposição "em tempo real" de violações aos direitos humanos perpetrada por empresas, o que influencia diretamente na contratação ou não pelos clientes.

Em resumo, a adoção de estratégias ESG por escritórios de advocacia não é apenas um imperativo ético, mas uma estratégia jurídica e empresarial perspicaz. Essa abordagem não só cumpre com o dever fiduciário de atuar no melhor interesse de clientes e sociedade, mas também abre caminho para uma prática jurídica mais inovadora, inclusiva e sustentável.

5. *Insights* práticos para a integração ESG nos escritórios de advocacia

O ESG também se aplica às atividades-meio da advocacia, como a estruturação e gestão dos ambientes físico e virtual para o exercício da profissão, bem como o relacionamento com colaboradores e *stakeholders* externos (clientes, fornecedores, agentes públicos e comunidade em geral). Para incorporar uma agenda ESG nessas atividades, é essencial considerar os três eixos temáticos: ambiental, social e de governança, além de seguir sugestões práticas. A criação de uma cultura organizacional que priorize boas práticas traz benefícios significativos para a advocacia, independentemente do tamanho do escritório ou do perfil do profissional, incluindo mitigação de riscos, uso sustentável de recursos naturais, redução de custos operacionais, aumento da competitividade, valorização da marca e ganhos reputacionais.

A partir das diretrizes lançadas no Guia ESG da Advocacia 2023 (LEHMEN *et al*, 2023),[35] abordamos, de forma sintética, algumas orientações práticas para nortear os escritórios nessa jornada, dividindo-a pelos seus eixos.

---

(34) HALF, Robert. "ESG: o que é e quais são suas vantagens para a empresa". [*S. l.*], 14 jul. 2021. Disponível em: https://www.roberthalf.com/br/pt/insights/carreira/esg-o-que-e-e-quais-sao-suas-vantagens-para-empresa-rc#:~:text=As%20organiza%C3%A7%C3%B5es%20que%20adotam%20pr%C3%A1ticas,empresa%20ter%20boas%20iniciativas%20ESG. Acesso em: 7 maio 2024.

(35) LEHMEN, Alessandra *et al. Op. cit.*

Eixo ambiental

Antes de iniciar a jornada de sustentabilidade ambiental é importante a realização de um diagnóstico, ou seja, avaliar o impacto ambiental do escritório, identificando áreas de melhorias e estabelecendo metas claras.

Em termos globais, a primeira fonte de discussão no aspecto ambiental foi a redução da emissão de poluentes, citada, inicialmente, no Protocolo de Kyoto (1997), em que foram estabelecidas metas para redução da emissão de gases de efeito estufa aos países em desenvolvimento.

Em que pese os escritórios de advocacia não estarem dentre os setores da economia ambiental com maior impacto ambiental,[36] é possível adotar soluções práticas de sustentabilidade. Para auxiliar na identificação de práticas que possam ser adotadas para a melhoria da *performance*, pontuamos as ODS relacionadas a esse eixo: ODS 6 (água potável e saneamento), ODS 7 (energia limpa e acessível), ODS 11 (cidades e comunidades sustentáveis), ODS 12 (consumo e produção responsáveis), ODS 13 (ação contra a mudança global do clima), ODS 14 (vida na água) e ODS 15 (vida terrestre).

Em exemplos práticos, podem ser destacadas a *utilização racional da energia*, avaliando o consumo do escritório, utilizando fontes renováveis, utilizando produtos de maior eficiência energética (lâmpadas de LED, sensores de energia) e conscientização dos colaboradores; *redução do consumo de água*, com a manutenção das instalações hídricas e, novamente, treinamento dos colaboradores para o uso responsável de água; *mudança de comportamento quanto ao uso de transportes*, com a promoção do uso compartilhado de veículos, priorização de reuniões virtuais e, ainda, adoção de sistema híbrido de trabalho, *gestão de resíduos*, priorizando a adoção de meios digitais ao invés de papéis e, quando necessário, optar por papéis com certificação de sua origem, diminuir os insumos plásticos, reaproveitar materiais de escritório e implementar separação de resíduos.

Por fim, como consumidor, o escritório de advocacia pode adotar alternativas responsáveis, com o estabelecimento de requisitos ambientais para aquisição de produtos, priorização de fornecedores locais, utilização de produtos concentrados

---

(36) GRISOTTO, Raquel. "Os setores da economia mundial com maior impacto ambiental: O custo ambiental de 45 setores da economia brasileira é de R$ 1,6 bilhão ao ano. Os bancos começam a utilizar esse dado em análises de risco de longo prazo". *Época Negócios*, 16 set. 2015. Disponível em: https://epocanegocios.globo.com/Informacao/Acao/noticia/2015/09/os-setores-da-economia-mundial-com-maior-impacto-ambiental.html. Acesso em: 7 maio 2024.

ou em tamanho econômico para reduzir a quantidade de embalagens e privilegiar produtos biodegradáveis.

Eixo social

O conceito de capital humano, previsto no item 3.5 dos termos e definições da ABNT PR 2030:2022), enfatiza a valorização das habilidades e competências dos colaboradores no ambiente de trabalho. Além da qualificação, a criatividade, inclusão e diversidade na equipe são essenciais na organização das atividades. Avaliar o impacto positivo da advocacia por meio de práticas voluntárias também é relevante.

Conforme preleciona Atchbahian (2022, p. 52): *CNPJ's só existem em função de CPF's. Sendo assim, é correta a afirmação de que os principais ativos de qualquer empresa são as pessoas. E quais pessoas? Todas.*

Considerando os diversos tópicos que compõem esse eixo, destacaremos aqueles que foram priorizados pelo Guia ESG da Advocacia 2023 (LEHMEN *et al*, 2023):[(37)] diversidade, equidade e inclusão (DE&I), relações e práticas do trabalho no exercício da advocacia, segurança e saúde, projetos sociais e filantropia, que estão relacionadas com a ODS 1 (Erradicação da Pobreza), ODS 3 (saúde e bem-estar), ODS 5 (igualdade de gênero), ODS 8 (trabalho decente e crescimento econômico), ODS 10 (redução das desigualdades, ODS 16 (paz, justiça e instituições eficazes) e ODS 17 (parcerias e meios de implementação).

Iniciativas como a realização periódica de censos de *diversidade* possibilita o mapeamento das características socioculturais dos integrantes dos escritórios, para implementação de políticas claras de inclusão, com estabelecimento de metas, passos esses essenciais para diagnosticar problemas e monitorar progressos. Além disso, é crucial promover uma cultura organizacional que valorize a diversidade e a inclusão, integrando esses valores nas práticas cotidianas do escritório.

Em pesquisa realizada pela Análise Editorial nos anos de 2021 e 2022, foi identificado o crescimento de iniciativas ou programas de diversidade e inclusão em escritórios de advocacia no patamar de 10%, em relação a anos anteriores. Dentre as iniciativas, estão a constituição de comitês específicos para elaborar, coordenar e executar políticas de diversidade e inclusão, grupos de afinidade, palestras de letramento e ações afirmativas em processos de contratação e gestão de talentos e de fornecedores (MARQUES, 2022).[(38)]

---

(37) LEHMEN, Alessandra *et al. Op. cit.*

(38) MARQUES, Leticia Yumi. "Diversidade e inclusão nos escritórios de advocacia". *Análise*, Brasil, p. s/n, 13 dez. 2022. Disponível em: https://analise.com/opiniao/diversidade-e-inclusao-nos-escritorios-de-advocacia. Acesso em: 11 maio 2024.

A integração de práticas ESG (Ambiental, Social e Governança) nas operações de escritórios de advocacia representa um desafio significativo que vai além da simples adesão a uma tendência de mercado. Essa complexidade decorre tanto da natureza multifacetada dos princípios ESG quanto das especificidades do setor jurídico, uma vez que as universidades não contemplam na grade curricular questões afetas a práticas de gestão e muito menos em diversidade e inclusão, assim, as ações praticadas têm sido espelhadas nas tendências do mercado.

Por sua vez, a *valorização das relações de trabalho* vai além de cumprir rigorosamente a legislação aplicável, é essencial promover a transparência, a cortesia e a comunicação clara entre os colaboradores, desde assegurar o respeito aos direitos assegurados na CLT, como possibilitar a flexibilização de jornada, adotar campanhas contra assédio no ambiente de trabalho, divulgar os canais de denúncias existentes assegurando apoio às vítimas e incentivar a capacitação técnica da equipe.

Interconectado a tais práticas a promoção da *saúde e segurança* é assegurada com a disponibilização de um ambiente adequado de trabalho, implementação de práticas e recomendações para prevenções de doenças e acompanhamento de eventos climáticos extremos, como o que aconteceu, recentemente, no estado do Rio Grande do Sul, prestando suporte aos trabalhadores e seus familiares atingidos.

Por fim, o eixo social também pode envolver a participação em projetos sociais como exercício de atividade *probono*, participação em campanhas públicas de doações e apoios a instituições sem fins lucrativos.

Eixo de governança

O eixo de governança envolve práticas, controles e procedimentos que a advocacia pode implementar para tomar decisões eficazes e alinhadas com seu propósito e estratégia. Esse eixo está especialmente relacionado às ODS 1 (erradicação da pobreza), ODS 10 (redução das desigualdades), ODS 16 (paz, justiça e instituições eficazes) e ODS 17 (parcerias e meios de implementação).

O alicerce da boa governança é a transparência e a inclusão das práticas ESG no modelo de gestão, comunicando a todos os *stakeholder* — de forma clara — os valores, objetivos e metas do escritório, que pode se dar por meio da implementação de um *programa de* compliance. Esse programa assegurará o comprometimento da liderança, a definição de estruturas organizacionais com atribuições específicas, mapeamento e análise dos riscos a que o escritório está exposto, adoção de políticas internas e procedimentos de controle de riscos, bem como o oferecimento de treinamentos e disponibilização de um canal seguro de denúncias.

Algumas normas norteiam o programa de *compliance* para os escritórios de advocacia como o Código de Ética no Exercício da Advocacia, Normas da ABNT (ISO 37301 — Sistema de Gestão de *Compliance*, ISO 31000 — Gestão de Riscos e ISO 19011 — Diretrizes para auditoria de sistema de gestão), além das diretrizes da CGU (Programa de Integridade — Diretrizes para Empresas Privadas), IBGC (Código das Melhores Práticas de Governança Corporativa) e o já mencionado Guia ESG da Advocacia.

A *segurança da informação* precede o exercício da advocacia, uma vez que todo o serviço jurídico é norteado pelas informações disponibilizadas pelos clientes. Dessa forma, inúmeras são as estratégias que podem ser adotadas para assegurar a proteção dos sistemas, desde a disponibilização de programas de antivírus e armazenamento de documentos em locais seguros, até a inclusão de cláusulas contratuais que assegurem a confidencialidade e segurança das informações compartilhadas. Nesse mesmo aspecto, é de vital importância adotar processos e políticas internas afetas à *privacidade e proteção de dados*, observando os princípios da finalidade, adequação, necessidade, transparência e segurança da informação instituídos pela Lei Geral de Proteção de Dados.

Além disso, para uma estratégia ESG bem-sucedida, é crucial *criar e monitorar metas e indicadores*. Comitês internos ou um ponto focal podem gerenciar essas informações, atualizando-as periodicamente e avaliando o progresso do escritório. Além disso, compartilhar relatórios ESG com o público externo demonstra o comprometimento com boas práticas de gestão. A demanda crescente dos clientes por essas informações torna a sistematização e atualização dos dados essenciais.

Outro aspecto de governança, igualmente importante, é a adoção de critérios baseados na produtividade e responsabilidade individual, juntamente com *práticas de remuneração* e benefícios equitativos, é recomendada para colaboradores que desempenham funções semelhantes. Para alcançar isso, sugere-se a implementação de um plano de carreira, políticas claras sobre recompensas financeiras e não financeiras, benefícios como plano de saúde, odontológico, auxílio-creche e seguro de vida, além de políticas relacionadas ao cumprimento de metas de desempenho ambiental, social e de governança, bem como a criação de um programa de participação nos lucros e resultados. Essas medidas visam garantir maior equidade e eficiência no ambiente de trabalho, beneficiando tanto os colaboradores quanto as organizações.

Por fim, uma forma de avaliar e validar o desempenho do processo ESG implementado é a obtenção de certificações, concedidas por instituições independentes e reconhecidas no mercado, fornecendo informações confiáveis e transparentes sobre as práticas das empresas, permitindo que os clientes e parceiros de negócios tomem decisões mais informadas e responsáveis. Citamos, de forma exemplificativa e não exaustiva, algumas certificações aplicáveis à advocacia: ABNT ESG PR 2030:2022 (atesta o cumprimento às recomendações ESG); LED — *Leadership in Energy and Environmental* (voltada para a construção civil — infraestrutura), EDGE — *Excellence in Designer for Greater Efficiencies* (para um padrão de construção e edificações verdes); Selo B Corp (para empresas que atendem a altos padrões de desempenho social e ambiental), ISO 14001 (sistema de gestão ambiental), BV ESG 360 (selo que mensura o nível de maturidade da empresa).

6. Conclusão

A implementação efetiva das estratégias ESG está remodelando o futuro da advocacia brasileira, criando um setor jurídico alinhado com os princípios de desenvolvimento sustentável. A expectativa é que, ao aderirem à adoção de tais práticas, os escritórios não apenas contribuam para a solução dos desafios socioambientais globais, mas também se estabeleçam como líderes éticos, capazes de influenciar positivamente as direções futuras do mercado e da sociedade.

O alinhamento estratégico dos princípios ESG com as práticas já estabelecidas no escritório exige uma revisão profunda das operações, políticas e cultura organizacional, bem como a adoção de novas práticas que possam inicialmente parecer alheias à atividade jurídica tradicional. Isso implica redefinir valores, missões e visões, e para efetivar essa mudança é essencial o apoio e o exemplo da liderança, que deve encarnar os princípios ESG em todas as suas decisões e ações.

Por muitas vezes, a falta de conhecimento e conscientização sobre o que realmente engloba as práticas ESG e como elas podem ser aplicadas no contexto jurídico pode ter se apresentado como um obstáculo, mas como discutido, escritórios de todos os portes podem criar programas ESG adequados a suas necessidades e possibilidades, por meio do estabelecimento de ações que reflitam suas prioridades (LEHMEN *et al*, 2023, p. 47).[39]

À medida que nos debruçamos sobre as transformações iminentes no cenário jurídico, impulsionadas pela adoção de práticas ESG (Ambiental, Social e Governança), torna-se evidente que estamos vivenciando, ao longo dos últimos

(39) LEHMEN, Alessandra; KERN, Drisa; FONTOURA DE MEDEIROS, Fernanda Luisa; DA COSTA MACHADO MOREIRA, Karen; VERRI BORATTI, Larissa; MORAES DE OLIVEIRA, Luciane; AZEVEDO DA SILVA TAVARES, Patrícia. "Guia ESG da Advocacia". *Ordem dos Advogados do Brasil, Seccional do Rio Grande do Sul, Comissão de Direito Ambiental*, [S. l.], ano 2023, p. 8, 1 ago. 2023. Disponível em: https://admsite.oabrs.org.br/arquivos/file_64d40e3c5fe7e.pdf. Acesso em: 12 maio 2024.

anos, um momento de revolução na advocacia. Este artigo, ao desvelar, de forma singela, os desafios, estratégias e benefícios intrínsecos à integração dos princípios ESG, visa não apenas informar, mas também inspirar uma nova era de liderança jurídica comprometida com a sustentabilidade, a justiça social e a integridade corporativa.

Cada passo conta, desde a implementação de políticas de redução de resíduos e eficiência energética até o desenvolvimento de programas de mentoria e inclusão para advogados de grupos sub-representados. É imperativo o engajamento ativo no diálogo com *stakeholders*, participação em coalizões e redes de advocacia sustentável, zelando pela transparência nos esforços e conquistas ESG.

Nesse contexto, os escritórios de advocacia são chamados a liderar pelo exemplo, adotando e promovendo práticas ESG como parte integrante de sua missão e valores. Ao fazerem isso, não apenas fortalecem sua posição no mercado, mas também desempenham um papel crucial na transição para uma economia mais sustentável e justa.

Referências

AVILA, Rafael. "O que é a norma ABNT PR 2030 e como ela vai influenciar o cenário ESG no Brasil: ABNT PR 2030:2022". *Sustentabilidade Agora*, Brasil, 10 abr. 2023. Empresa, p. s/n. Disponível em: https://sustentabilidadeagora.com.br/abnt-pr-2030/#:~:text=Como%20o%20pr%C3%B3prio%20nome%20j%C3%A1,base%20t%C3%A9cnica%20para%20regulamenta%C3%A7%C3%B5es%20futuras. Acesso em: 12 maio 2024.

______. "5 estágios da maturidade ESG". *LinkedIn*, 1º jan. 2024. Disponível em: https://www.linkedin.com/feed/update/urn:li:activity:7137411811774992384/. Acesso em: 11 maio 2024.

BELINK, Aron. "Seu ESG é sustentável?". *GV-Executivo*, vol. 20, n. 4, out./dez. 2021.

B3 (Brasil). "Sustentabilidade e gestão ASG nas empresas: Como começar, quem envolver e o que priorizar". *Guia ESG | B3*, Brasil, p. 11, 22 set. 2022. Disponível em: https://pt.scribd.com/document/603561169/Guia-B3-Sustentabilidade-ASG-v2209-VF. Acesso em: 11 maio 2024.

BOCCIA, Sandra. "Por uma nova narrativa para os negócios: Para Robert Edward Freeman, é imperativo construir uma outra história para o mundo do *business* – eternamente identificado com a 'sujeira do dinheiro'. A boa notícia, segundo ele, é a de que os novos capítulos já estão sendo escritos". Época Negócios, 21 dez. 2018. Disponível em: https://epocanegocios.globo.com/Carreira/noticia/2018/12/por-uma-nova-narrativa-para-os-negocios.html. Acesso em: 8 maio 2024.

CASAGRANDE, Rodrigo Moreira. *Environmental, Social and Corporate Governance*. Rio de Janeiro: FGV, 2024.

GRISOTTO, Raquel. "Os setores da economia mundial com maior impacto ambiental: O custo ambiental de 45 setores da economia brasileira é de R$ 1,6 bilhão ao ano. Os bancos começam a utilizar esse dado em análises de risco de longo prazo". *Época Negócios*, 16 set. 2015. Disponível em: https://epocanegocios.globo.com/Informacao/Acao/noticia/2015/09/os-setores-da-economia-mundial-com-maior-impacto-ambiental.html. Acesso em: 7 maio 2024.

HALF, Robert. "ESG: o que é e quais são suas vantagens para a empresa". [*S. l.*], 14 jul. 2021. Disponível em: https://www.roberthalf.com/br/pt/insights/carreira/esg-o-que-e-e-quais-sao-suas-vantagens-para-empresa-rc#:~:text=As%20organiza%C3%A7%C3%B5es%20que%20adotam%20pr%C3%A1ticas,empresa%20ter%20boas%20iniciativas%20ESG. Acesso em: 7 maio 2024.

IBGC — Instituto Brasileiro de Governança Corporativa. *Código de Melhores Práticas de Governança Corporativa*. 6. ed. São Paulo: IBGC, 2023. p. 18-19.

"Integração ESG em alta: e como implementá-la em seu portfólio". *AIMA Journal*, Inglaterra, n. 114, p. 16-20, 23 abr. 2018. Disponível em: https://www.aima.org/journal/aima-journal-edition-114/article/esg-integration-on-the-rise-and-how-to-implement-it-in-your-portfolio.html. Acesso em: 11 maio 2024.

LEHMEN, Alessandra; KERN, Drisa; FONTOURA DE MEDEIROS, Fernanda Luisa; DA COSTA MACHADO MOREIRA, Karen; VERRI BORATTI, Larissa; MORAES DE OLIVEIRA, Luciane; AZEVEDO DA SILVA TAVARES, Patrícia. "Guia ESG da Advocacia". *Ordem dos Advogados do Brasil, Seccional do Rio Grande do Sul, Comissão de Direito Ambiental*, [S. l.], ano 2023, p. 8, 1 ago. 2023. Disponível em: https://admsite.oabrs.org.br/arquivos/file_64d40e3c5fe7e.pdf. Acesso em: 12 maio 2024.

MANZONI, Pedro Henrique. *A concessão de benefício fiscal como forma de incentivo à implementação de práticas ESG em micro e pequenas empresas*. TCC. Mackenzie, 2023.

MARQUES, Leticia Yumi. "Diversidade e inclusão nos escritórios de advocacia". *Análise*, Brasil, p. s/n., 13 dez. 2022. Disponível em: https://analise.com/opiniao/diversidade-e-inclusao-nos-escritorios-de-advocacia. Acesso em: 11 maio 2024.

PÉREZ, Lucy; HUNT, Dame Vivian; SAMANDARI, Hamid; NUTTALL, Robin; BELLONE, Donatela. "Como tornar o ESG uma realidade". [*S.l.*], 10 ago. 2022. Disponível em: https://www.mckinsey.com/featured-insights/destaques/como-tornar-o-esg-uma-realidade/pt. Acesso em: 11 maio 2024.

POMBO, Bárbara. "Escritórios passam a investir em práticas ESG". *Valor Econômico*, 31 jan. 2022. Disponível em: https://valor.globo.com/um-so-planeta/noticia/2022/01/31/escritorios-passam-a-investir-em-praticas-esg.ghtml. Acesso em: 6 maio 2024.

TCU – Tribunal de Contas da União. *Dez passos para a boa governança*. 2. ed. Brasília: TCU, Secretaria de Controle Externo da Administração do Estado, 2021. p. 32.

VOLTOLINI, Ricardo. *Vamos falar de ESG?*— Provocações de um pioneiro em sustentabilidade empresarial. Editora Doyen Ltda. Prefixo Editorial: 89686. Número eISBN: 978-65-89686-19-4. Formato *E-book*, p. 142.

ZHU, Jin; HUANG, Fei. 2023. "Liderança transformacional, inovação organizacional e desempenho ESG: Evidências de PMEs na China". *Sustentabilidade,* 15, n. 7: 5756. https://doi.org/10.3390/su15075756.